解读

《清华园日记》

季羡林日记与20世纪30年代大学教育研究

叶新 编著

西苑出版社
XIYUAN PUBLISHING HOUSE
·北京·

季羡林先生

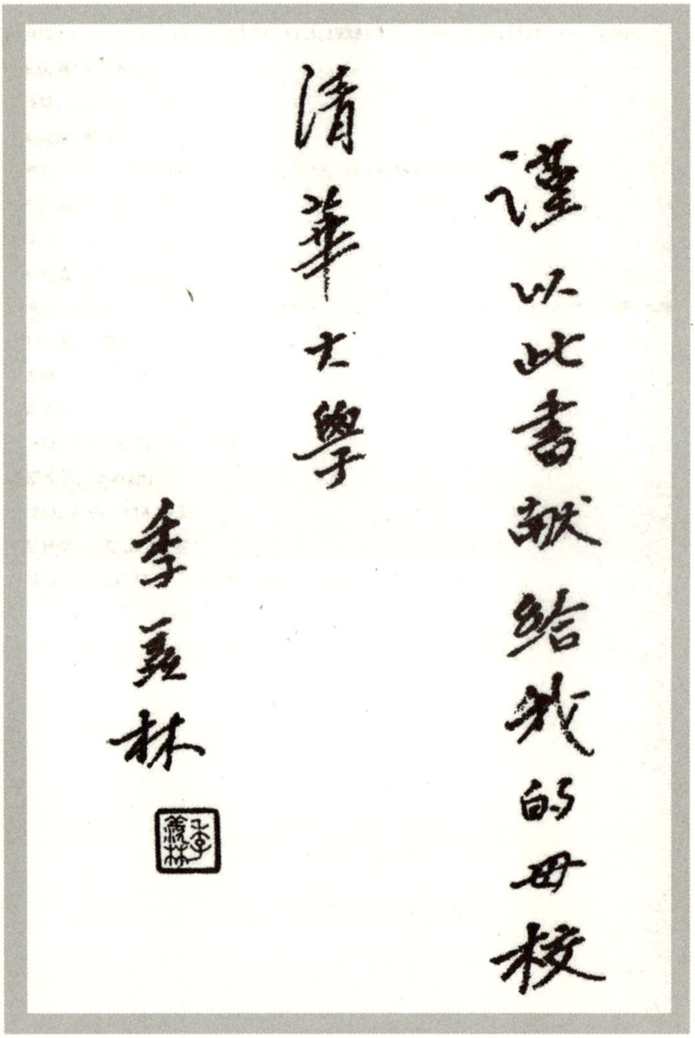

季羡林为《清华园日记》题词

▶序

和爷爷相反，我最不喜欢读序跋之类的文字，当然更不用说去写了。一般情况下，我会越过序跋去读正文，即使读的话，最多也只是大致浏览一遍而已，看看有没有对该书的简单介绍。然而，有那么一天，爷爷的小友叶新教授约我为他的新书《解读〈清华园日记〉》作序，实有受宠若惊之感，同时又有一些心虚。作为季羡林的孙女，我其实对他在学术上的成就并不比其他人知道得更多，或了解得更透，因此，也不可能给出什么特别高明的评价。我只知道，我的爷爷和大家的爷爷没有什么两样，只会比大家的爷爷有着更多的怪癖。总之，在我心目中所崇拜的大师里，没有季羡林这个名字。

爷爷为大众所熟知，当然主要是通过他的散文，他的《牛棚杂忆》和《留德十年》等文章。没有这些文章，季羡林的名字永远不会为大众所知，也只能在他那极小的学术圈子里有些许名声而已。说到这里，我建议大家如有能力的话，去读几篇季羡林的学术文章，那可以帮助大家对季羡林这个人有更进一步的了解。了解他在学术上的一丝不苟，逻辑之严谨，研究之细腻，以及从不为哗众取宠而写一些迎合读者的文字或建立另类之观点。这在他《再论原始佛教的语言问题——兼评论美国梵文学者弗兰克林·爱哲顿的方法论》一文中的逻辑阐述即可见一斑。虽然我对他研究的那些古印度文字一窍不通，但是，读起来还是蛮有意思的。

可能因为季羡林是自己的爷爷，所以我从来没有觉得他有多么伟大。东西是别人的好，大概爷爷也是别人的更伟大吧。散文，我更喜欢老舍、朱自清、鲁迅等人的，觉得他们的文字是那么的优美、怡人。记得小时候，我还曾经对爷爷的散文有过“批评”，觉得它们太通俗，不够华美，爷爷也总是微微一笑。爷爷是一个很谦逊的人，这在他的日记里不难看出；爷爷并不是一个天才，这也可以从他的日记里找到蛛丝马迹。但他肯努力，不断地思考人生，思考他的志向，思考他的理想，思考他的前途。从一个农村的毛头小子，到世界顶尖的学术泰斗，没有辛勤的努力是不可能做到的。这都是靠他的用心与坚持，靠他的肯干做到的。爷爷在他 1932 年 8 月 26 日的日记里这样写道：“理想不管怎样简单，只要肯干，就能成功，‘干’能胜过一切困难，一切偏见。”他是这样说，也的的确确是这样做的。他的散文，也是这样“干”出来的。其实，我更喜欢他在清华园时写的那些散文。在他的另一则日记里，爷爷抱怨自己的写作能力太有限：“满脑袋的意见，但是想去捉出来的时候却都跑得无影无踪，一个也不剩了。”可是他一直坚持，不气馁，真正做到了“肯干就能成功”。我们都有懒散的时候，有打不起精神的时候，爷爷也常常剖析自己，审视自己，检讨自己，他的日记里还经常出现“非用功不可”“非努力不行”等字眼就是证明。

就着近水楼台先得月的便利，在爷爷的《清华园日记》出版前我就拜读过其手稿，但那是很久以前的事了。当时年少，看了爷爷的日记，颇觉有趣。原来那个满头白发，不苟言笑，鼻梁上架一个老花镜，又总是趴在他那张大书桌前抄抄写写的老头子，也有着如此丰富、有趣、鲜活的青年时代。“文革”期间，我很少见爷爷说笑。每次“下班”回家，他径直走到他自己的房间里，坐下来就把头埋进了那一堆的书和纸里面，直到老祖要我叫他去吃饭。有些人写东西时最怕别人打扰，把思路打断，可爷爷不会。

不管你什么时候去叫他，不管他正在忙些什么，不管是我们叫他，还是有人来访，他都会马上摘掉老花镜，站起身来，步入那间既是会客厅，又是餐厅，同时又是卧室，我们称大房间的房间里。等吃好饭，或是客人走了，他就又回到他的大书桌前，静静地工作起来。我从没有见爷爷发过火，可是，从爷爷的眉头上细小的动作，我能看出他的心情，知道我什么做得不对了，或者这个客人是他欢迎的，还是反感的。

我没有认真从头到尾把爷爷的日记看完过。我总喜欢在闲暇的时候，随手把日记拿来随便翻上两页，对着那个充满活力的年轻人笑一笑。直到去年十月份，朋友从北京寄来叶新教授作的《清华园日记》（全本校注版）和郁龙余、朱璇著的《季羡林评传》，才开始真正地一篇一篇地通读了爷爷这部著名的《清华园日记》。我曾随便地翻看过鲁迅、吴宓、胡适、曾国藩等人的日记，其目的仅仅是想从另一个方面了解这些离我们既不遥远，又隔着世纪的著名人物。我向来不赞成读什么心灵鸡汤和所谓励志之书籍，觉得人各有志，只有了解自己才能给自己开创出一条适合自己的道路。写日记就可以做到这一点，它能使我们更加认清自己。当你感觉生活、事业不调和、没有进展的时候，看看自己近期的日记，就能有所启发。可能你有些自私，可能有些懒散，可能过于高傲，也可能太过自卑，种种的毛病都会让你对自身的行为负责，而不是怨天尤人。对那些不知道自己到底想干什么的人，也会有很大的帮助。通过记录自己的想法、经历，或是一个闪念，你会发现自己的长处及短处。记日记更可以使我们及早地发现自己的问题。譬如，爷爷对其懒散的不满，对封建社会的怨恨，等等。

《清华园日记》实在已经出了不少版本了，现在又要出一个“解读”，是否有必要呢？在我疑惑之际，叶新教授发来了一个“书稿”，看了觉得这真是一个好主意。书稿把日记分成几大类，很方便查询。譬如，你想了解季羡林在清华的学习考试方面的事情，或是想知道他学术与创作的经历，或是想看看他是如何与同学、老师以及家人相处的，等等，都可以一下就翻到那一部分去，的确十分便利和有趣。不记得是在什么地方看到这句话的，觉得说得很正确，现抄在这里作为结束语吧：

Don't just read anything,but to understand,and action is the most important thing.

不要仅仅去阅读，要去理解，并且付诸行动是最关键的。

季清

2019 年 2 月 20 日

目　录
contents

学习与考试活动

创作和学术启蒙

师友和家庭关系

附 录

后 记

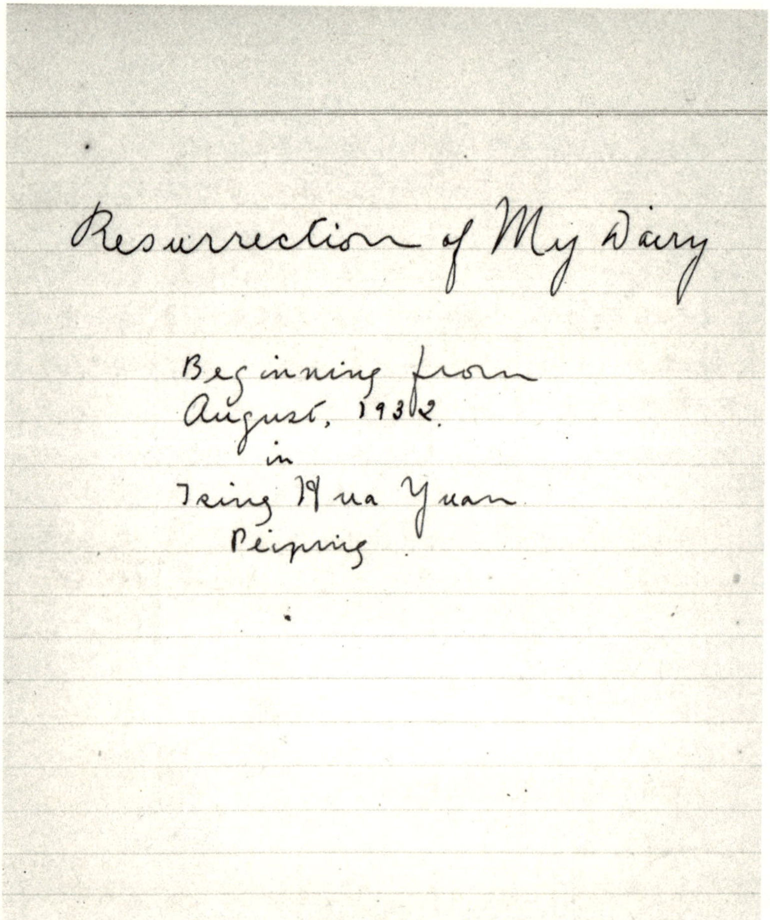

Resurrection of My Diary

Beginning from
August, 1932
in
Tsing Hua Yuan
Peiping

季羡林日记原稿

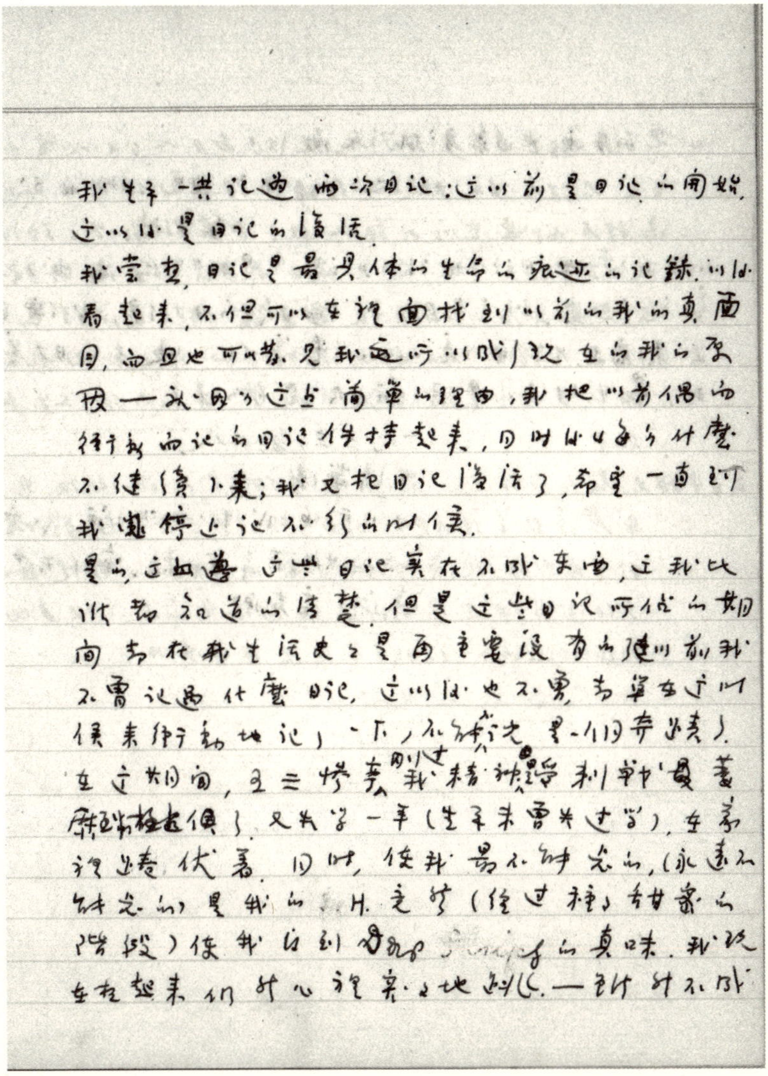

我生平一共记过两次日记：这以前是日记的开始，这以后是日记的復活。

我尝想，日记是最具体的生命的痕迹的记录。以后看起来，不但可以在里面找到以前的我的真面目，而且也可以发见我之所以成了现在的我的原因——就因为这点简单的理由，我把以前偶而[illegible]的记的日记[illegible]起来，同时[illegible]为什么不继续下来；我又把日记復活了，希望一直到我[illegible]停止记不行的时候。

是的，这[illegible]这些日记实在不成东西，这我比谁都知道的清楚。但是这些日记所代表的期间却在我生活史上是占重要地位的。这以前我不曾记过什么日记，这以后也不要为[illegible]在这时候来从新地记一下，不能不说是一个奇迹了。在这期间，五三惨案时我精神上受到刺激[illegible]了，又失学一年（生平未曾失过学），在家里潜伏着。同时，使我最不能忘的，（永远不能忘的）是我的H.之死（经过种种甜蜜的阶段）使我尝到[illegible]的真味。我现在想起来仍时心里[illegible]地跳。——[illegible]不成

……我尝想，日记是最具体的生命的痕迹的记录。以后看起来，不但可以在里面找到以前的我的真面目，而且也可以发见我之所以成了现在的我的原因。……

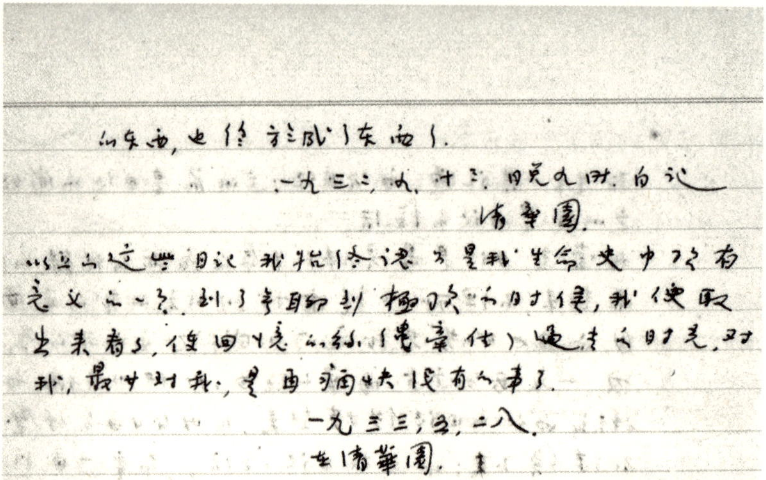

的东西，也终于成了东西了。

一九三三，九，廿三，晚九时，自记

清华园。

以上的这些日记，我始终认为是我生命史中顶有意义的一页。到了无聊到极顶的时候，我便取出来看看，使回忆的丝缕牵住了过去的时光，对我，最少对我，是再痛快没有的事了。

一九三三，三，二八。

于清华园。

时日虽过快，相片浮逝我室。

大街如炉，百年聊赖，窗外天色

阴沉，雷声隐了

……以上的这些日记，我始终认为是我生命史中顶有意义的一页。到了无聊到极顶的时候，我便取出来看看，使回忆的丝缕牵住了过去的时光，对我，最少对我，是再痛快没有的事了。

……

学习与考试活动 ▶

青年时期的季羡林

青年季羡林清华园购书记

叶　新

20 世纪 30 年代初期，季羡林先生在清华大学外国语言文学系（原为西洋文学系，本文以下简称“外文系”）上学期间，由于专业学习的需要，在老师和同学的影响下，出于内心有一间看书写作的书斋的梦想，不仅在清华园和北平城里，而且从国外书店及其国内分店订购了不少外文原版书，其中不乏“善本”。笔者主要检索《清华园日记》（外语教学与研究出版社 2009 年版，以下简称“日记”）的有关记录，对季羡林的国外购书经历做简略的考证和评价。

一、“旧习”不曾改

季羡林到国外书店购买外文原版书的习惯，始于在山东省立济南高中上学的时候。喜欢学习英语的他曾去信给日本的丸善书店购买外国文学书，其中一本是英国著名作家吉卜林的短篇小说集，他还着手翻译过其中的一篇。当时一本书是他一个月的饭钱。他节衣缩食存下几块大洋，写信到日本去订书，书到了，又要走十几里路去商埠邮局“代金引换”。拿到新书之后，他有如贾宝玉得到通灵宝玉，心中的愉快无法形容，并由此坚定了考上大学、学习外国文学的方向。①

1930 年，季羡林考上清华大学外文系，主修德文专业。该系实际上以英语文学教学为主，不管来自哪一国的教授，不管什么课程，都用英语讲授。此时，经济稍微宽裕的他“旧习”不改，通过各种途径购买“洋书”，原因一则是上课学习参考的需要，二则是老师的熏陶和教诲，更有周围同学的影响，还有那未来在书斋看书写作的梦想。1932 年 8 月 25 日，季羡林在日记中写道：

> 我的书斋总得弄得像个样——Easy chairs[安乐椅]，玻璃书橱子，成行的洋书，白天办公，晚上看书或翻译。

“玻璃书橱子”中“成行的洋书”从哪里来？那只能是买，而且是不顾囊中羞涩，马上就要买。正是这种对书的“极大的爱情”和不能自拔，导致他随后一次次的出手买书。

---

① 季羡林．我和外国文学的不解之缘 [M]// 季羡林说：清华那些事儿．北京：金城出版社，2014: 15.

二、购书也疯狂

上海璧恒公司。季羡林在日记中记载最多的就是去上海璧恒公司购买外文书的经历。璧恒公司是德国人在上海开的一家出版公司，中文名“德商璧恒图书公司”“德国璧恒图书公司”或“上海璧恒图书公司”，主要出版中外双语对照图书社址原在上海南京路 38 号。它先后出版过《德文入门》（1931 年）、《标准国语教本》（德汉对照，1939 年）、《德国工业丛述》（1944 年）、《德华大辞典》（1945 年）等，还在 1940 年创办了一本名为《欧亚画报》（*Europe-Asia Illustrated News*）的中英对照半月刊，也出过不少有关中国风景的明信片。除了出版业务，它还从事为中国人从德国代购德文原版书的业务。

该公司的德文名称是“Max Nössler & Co.”，1932 年 12 月 7 日的日记记载：

> 又决定买 Hölderlin[荷尔德林]全集。下德文后，问 Ecke[艾克]，他说，Hellingrath[海林格拉特]和 Seebass[泽巴斯]合辑的全集已绝版，但能买到 Second hand[二手书]，晚上遂写信到 Max Hössler[璧恒]问是否可以代买。

艾克（Ecke）是季羡林“第三年德文”的授课老师，正是他提供了《荷尔德林全集》的二手书信息。

荷尔德林（Johann Christian Friedrich Hölderlin，1770—1843）是德国诗人、哲学家，去世后长期湮没无闻。1913 年，诺伯特·冯·海林格拉特（Norbert von Hellingrath，1888—1916）开始编辑出版《荷尔德林全集》，1916 年他死于“一战”战场后，弗雷德里克·泽巴斯（Friedrich Seebass）和路德维希·冯·皮格诺特（Ludwig von Pigenot）接手继续编辑，直到 1923 年才出版了 6 卷本的全集。《荷尔德林全集》的编辑出版，在德国乃至全世界引发了“荷尔德林热”，荷尔德林的声望也迅速传到了中国。我们经常传诵的“人，诗意地栖居”就是他的一首诗的名字，德国大哲学家海德格尔也曾用这句话来命名他的文章，所以我们经常弄混它的出处。

其中提到的“Max Hössler”应该作“Max Nössler”，前者中的“H”是后者中的“N”之误，估计是当初日记转写者粗心之缘故。该书本页的脚注只是说“Max Hössler：书商名”，没有具体所指，其实就是前面一直提到的璧恒公司。但是，该日记却在书中两次将璧恒公司误当成“Maggs Bros”。“Maggs Bros”是位于英国伦敦的一家从事英文珍本书、二手书销售的书店，不太可能经手德文原版书的售卖（“Maggs Bros”会在下文提及）。

据日记记载，季羡林在 1932 年 8 月记日记之初，就开始从璧恒公司代购图书了。1932 年 8 月 24 日的日记写道：“寄璧恒公司十元，订购《歌德全集》。”这十元是购买《歌德全集》的定金。同年 9 月 2 日，季羡林收到璧恒公司的信，信中说：“钱已收接，已向德国代定 Goethe[歌德]，六星期可到。”他满心欢喜。既然璧恒公司说《歌德全集》六星期可到，他自然是日盼夜望。可是过了预定期限后的 11 月 4 日，书还没到，他发感慨说：

> 我向上海璧恒公司预定的《歌德全集》，计算着早该来了，然而一直到现在不见到。我每天上班回来，看见桌上没有信，真颇有点惘然之感呢。

这里在“璧恒公司”之前加了“上海”二字，也再次证明了上述“璧恒”注解之错误。

在此之后，季羡林还担心的是，自己老借钱给同学和老乡，这套全集真到手时，钱要不够了怎么办？1932 年 11 月 15 日的日记说“亏了《歌德全集》还没来，不然又得坐蜡，大概借钱总是免不了的了”，可见一斑。

可是最后《歌德全集》还真的是来不了了。1932 年 11 月 29 日的日记记载道：

> 今天接到丸善<书店>来信，说Hölderlin[荷尔德林]没有了。我最近买书的运气一向不佳，前两天接到璧恒公司回信说，《歌德全集》卖完了，今天又接到这信，真不痛快。

真是运气不佳！不仅向璧恒公司订购的《歌德全集》没买着，向日本丸善书店订购的有关荷尔德林生平的书也没买着。因此，这才有了同年 12 月 7 日向璧恒公司购买《荷尔德林全集》的想法。

这天下了德文课之后，季羡林问了任课老师艾克（Ecke）教授关于购买《荷尔德林全集》的事情。艾克说已经绝版，但能买到二手的《荷尔德林全集》，他马上决定写信去璧恒公司试一试。

过了半个月左右的时间，璧恒公司回信说《荷尔德林全集》有可能买到，但是须先寄定金。季羡林就立刻写了封信，寄了二十元去。这书大约 1933 年 3 月可到，他也担心定金这么高，“倘若买到的话，还不知道价钱是若干呢”。

不过，这回的运气比买《歌德全集》要好得多。1933 年 3 月 29 日，季羡林收到了璧恒公司的信。见信之后，他的第一反应就是“我 tremble[战栗]了，我订的 Hölderlin[荷尔德林]准没有了，我想。然而，不然，却有了。”他欣喜若狂——“我想跳，我想跑，我不知所措了。我不敢相信，我顶喜欢的诗人，而且又绝了版的，竟能买得到。我不知所以了。”他认为荷尔德林是他“顶喜欢的诗人”，歌德也不在话下，《歌德全集》没买着的遗憾也早被抛到脑后了。

1933 年 4 月 1 日，璧恒公司终于把《荷尔德林全集》寄来了，但是那天太晚了不能取，这让他遗憾了一晚上。1933 年 4 月 10 日上德文课的时候，季羡林把《荷尔德林全集》拿给艾克教授看，艾克大为高兴，并说："你大概是中国第一人有这么一部书的。"季羡林想："能有这么一部 Hölderlin[荷尔德林] 全集，也真算幸福。"

到了 20 世纪 90 年代，季羡林在一篇文章中回忆说自己"仍然节约出一个月的饭费，到东交民巷一个德国书店订购了一部德国诗人薛德林的全集"，订书的地方是"东交民巷一个德国书店"，这是老来回忆之误（《清华园日记》直到 2002 年才出版）。不过，"这是我手边最珍贵的东西，爱之如心头肉"这句话确实不假。

上文提到的"薛德林"也译为"荷尔德林"。季羡林本来就有编译荷尔德林生平及其诗作的想法，《荷尔德林全集》的到来有如神助。从此，他花了不少时间研读《荷尔德林全集》，偶尔翻译他的诗，逐渐以"薛德林专家"自居。在艾克和石坦安两位教授的指导下，季羡林把毕业论文最终选定在"荷尔德林的早期诗作"这个研究主题上，成为荷尔德林在中国最早的译介者之一。

当然，除了这套《荷尔德林全集》，季羡林之前也向璧恒公司买了一些其他的书，比如托马斯·曼（Thomas Mann）的《死于威尼斯》（*Der Tod in Venedig*），等等。

日本丸善书店。上文提过季羡林在山东省立济南高中上学时，就有过从日本丸善书店订购吉卜林短篇小说集等外文书的经历。进入清华园后，季羡林继续从丸善书店购买日本出版的外文书，他的同学们也不例外。

1932 年 9 月 29 日，同学王岷源订购的书来了，季羡林的评价是："其中以 *Faust*[《浮士德》] 为最好，可惜是日本纸，未免太 Vulgar[俗气]。R.Browning[罗伯特·布朗宁] 诗集有美国气。"歌德的《浮士德》（*Faust*）最好，美中不足的是用日本纸印刷，显得俗气；《罗伯特·布朗宁诗集》则有美国味道。

过了几天，季羡林突然决定也要买这本诗集。为了 200 元的购书款，他愿意分两学期筹款。要知道，当时，他的学费每学期 40 元，每月的膳食才 6 元，都得他的叔父家费心筹措。200 元大洋是一笔不小的数目！

本来《罗伯特·布朗宁诗集》就花费太多，但是 10 月 20 日他又想买《但丁全集》、乔叟（Chaucer）的书、《鲁拜集》（*Rubaiyat*），确实捉襟见肘。不仅如此，又过了十几天，他见一个同学"新在日本买了两本书，日金只合中币一元零一分，可谓便宜"，他又不禁跃跃欲试，想再到丸善去买几本书。在随后的日记中可以看出，这些书包括法国作家法朗士（France）的《生平与书信》（*Life & Letters*）等，他购书为的是从中选译一些有关法朗士文学批评观点的内容，然后向杂志投稿。

日记中没有明显的记录说季羡林购买到了哪本书，但是明显提到了他没买到的一本书，那就是上文所说的荷尔德林的传记。1932 年 11 月 9 日，他给丸善书店去信，过了 20 天丸善书店来信说没书了。

由于季羡林经常和丸善书店联系，丸善书店就一直给他寄送书目，甚至在他到德国留学期间也不例外。

除了德国的璧恒公司、日本的丸善书店，季羡林在日记中还提到了英国的马各斯书店（Maggs Bros），只是日记转写者误注成了"璧恒"。在 1932 年 9 月 2 日的日记下面有一个"Maggs Bros 34&35 Conduit Street London W.：璧恒公司。"的注释。日记中提到，季羡林 8 月 24 日给璧恒公司发信，9 月 2 日已经收到回信，来回才 10 天。在 20 世纪 30 年代初期，中国人去欧洲，要么走水路，要么走陆路。1935 年季羡林去德国留学走的是陆路，9 月 4 日从北京坐火车出发，9 月 14 日到柏林，前后花了 10 天时间[①]。1933 年浦江清去欧洲游学走的是水路，9 月 12 日出发，10 月 5 日到意大利上岸，前后花了 24 天的时间，如果到英国伦敦还得花更长时间[②]。而普通邮件大多走水路。这么来看的话，"璧恒"只能是在国内，不可能位于伦敦。

---

① 季羡林 . 季羡林日记 · 留德岁月：第一卷 [M]. 南昌：江西人民出版社，2014：74-78.

② 浦江清 . 清华园日记 西行日记 [M]. 北京：生活 · 读书 · 新知三联书店，1987：91-100.

另外，据日记记载，季羡林1934年4月7日6时50分从北京坐火车出发，9日晚12时到的上海，前后花了2天5个小时。如果邮件走火车，京沪来回10天显得更为合理。

综合以上分析，9月2日的日记说“过午接到璧恒公司的信，说钱已收接，已向德国代定Goethe[歌德]，六星期可到”，《歌德全集》从德国寄到中国，然后从上海寄到北京要花6个星期是合理的。而“Maggs Bros”不可能是上海的“璧恒”，而是位于英国伦敦的一家书店——马各斯书店。

马各斯书店是英国伦敦一家专卖稀见书、二手书的老牌书店。它创办于1853年，起先位于英国康第街（Conduit Street）的34号和35号，1934年搬到几百米外的伯克利广场50号。被誉为“书痴”的钟芳玲走访过世界上许许多多的书店，最为中意的就是珍本书店。2012年8月11日，她在《北京晚报》上发表《海查德书店，皇家认证……》一文，其中提到：英国有几家书店因为提供书籍与手稿而得到“皇家认证”（Royal Warrant），就包括马各斯书店，因此拥有无上的荣誉。2007年底，钟芳玲作为顾问，策划了“2007年香港国际古书展”，马各斯书店也应邀参加。

季羡林在1932年8月24日的日记中说：

> 今天忽然想到买William Blake[威廉·布莱克]的诗集，共约一镑十先令，是刊在*Rare books*[《稀见书目》]。

威廉·布莱克的诗集名为《威廉·布莱克：天真之歌和经验之歌》（*William Blake: Songs of Innocence & of Experience*），价钱是一镑十先令，信息来源是《稀见书目》（*Rare books*），但没说在哪看到，是由哪个书店提供的这个书目。第二天，季羡林和王岷源就相约次日去图书馆找沈先生从英国代购。第三天一早，他们去了图书馆，沈先生说两个月后书就可以到了。但是才过了两天，季羡林就等不及了，他在8月27日的日记中写道：

最近我老感到过得太慢，我希望日子过得快一点，好早叫我看到 William Blake[威廉·布莱克]的诗。

1932年9月2日的日记提到“托Herr王[①]索要目录信”，第二天又提到“目录信”的收信地址是清华园，寄送地址是“Maggs Bro，34&35 Conduit Street，London W.[②]”。“Maggs Bro”也就是马各斯书店。

同年9月29日的日记又记载，季羡林“晚上读*Emma*[《爱玛》]，抄*Rare books*[《稀见书目》]，预备买两本，我也知道*Rare books*[《稀见书目》]太贵，但是总想买，真奇怪。”估计是在图书馆抄的，因为他看的简·奥斯汀的《爱玛》（*Emma*）是不能借出来的。

1932年11月20日的日记说：“今天接到Mags Bros[马各斯书店]寄来的*Rare Books*[《稀见书目》]目录。”笔者要说的是，“Mags”中少了个“g”。这就把马各斯书店、《稀见书目》、目录信统一在一起了。

估计是清华大学图书馆经常向马各斯书店采购书，书店寄来书的同时也附送了他们刊印的《稀见书目》，图书馆为了方便清华的师生托购图书，就把该《稀见书目》放在馆中供查阅。如此这般，季羡林和王岷源才能得知英国二手书的信息，有了采购之念。而为了得到最新的二手书信息，他们才想让马各斯书店寄送最近的《稀见书目》。

比如，1932年11月4日的日记提到季羡林又托购了其他两本书，一本是赫伯特·雷德（Herbert Read）的《英国诗歌的各个阶段》（*Phases of English Poetry*），另一本是罗伯特·格雷夫斯（Robert Graves）的书，不知具体的书名。1932年12月7日，季羡林忽然决定再托图书馆买书。第二天，他去找沈先生，但是沈先生说当初他们向英国8月订购的书还没来，要打电报去问问，让他们再等一等。

---

① 即王岷源——译者注

② 英国伦敦西区康第街34号和35号——译者注

除了马各斯书店，季羡林在日记中提到的还有英国另外一家名气更大的书店——福伊尔斯书店。

在同班同学当中，季羡林接触最多的是王岷源。在日记中，王岷源被季羡林呼为“王红豆”（红豆乃混蛋的对音），对他的坏话多于好话。两人后来都一直在北京大学任教，王岷源2000年去世，季羡林竟然没有关于他的回忆文章。季羡林对他的老师吴宓教授不大恭敬，而王岷源则对吴宓很有感情，十分关注其遗著的整理出版，以82岁的高龄将吴宓20世纪30年代关于《文学与人生》讲授提纲的英语部分译成中文并作注释，署名“王岷源译”，1993年由清华大学出版社出版。

有意思的是，季羡林认为大他一级的钱锺书“装模作样”，交往甚少。而王岷源在1997年12月钱锺书先生去世后，写了名为《亲切怀念默存学长》的纪念文章，深切回忆他们之间的交往。

据王岷源的回忆，有一次，西洋文学系三、四年级合班上课时，三年级的王岷源和四年级的钱锺书在一起上课，钱锺书看见王岷源有“*Son of Woman*”（《女人之子》，英国作家劳伦斯的传记）这本书，就借去翻了一下。为了谈这本书的来源，本文顺便提起：

> 附带说一句：当时清华大学图书馆有个德政，就是可以替学生在外国的书店代购图书。只要学生把想买的书，一本书一张卡片，写好书名、作者姓名、出版社名及出版年及托购者姓名等，交给采购股，图书馆从国外订书时，就附带把学生托购的书也写上。等这些书寄到清华时，图书馆就通知学生，书已买到，原价若干，折合中国钱币多少，请来馆付款取书（我的印象是当时换外币并不困难，汇率也比较稳定，一美元约合中国钱币两元左右）。由于有这个方便，当时清华的教师和学生通过图书馆从国外买书的不少。大概从英国进口的书多半是从一家大书店Foyles买的，上面提到的那本 *Son of Woman* 的封二左下

角就贴有Foyles的标记；从日本进口的书，则往往是通过丸善（Manzen）书店购买。①

这段话的大致意思是清华大学图书馆在国外订书时，可以附带订购本校老师和学生想要的书，如此“德政”极大地方便了清华大学特别是外文系的师生们。而图书馆订购的来源就是英国的福伊尔斯书店（Foyles Bookshop）和日本的丸善书店，比如《女人之子》的封二左下角就贴有福伊尔斯书店的标记。

除了由清华大学图书馆向福伊尔斯书店托购，季羡林估计也有自己去向该书店买书的经历，因为1933年6月6日的日记记载道：“早晨跑了一早晨，忙着汇钱，汇到Toyle。”“Toyle”估计是“Foyle”之误写，不知是作者日记之误，还是转写者之误。福伊尔斯书店位于伦敦有名的书店街——查令十字街（Charing Cross Road），至今仍然是欧洲最大的书店，清华大学教授朱自清、历史系学生夏鼐（1930—1934年在校）等人到英国游历或者留学时，都走访过这家书店，也许是当年曾经通过图书馆向该书店订购过原版书的缘故吧。因为钟芳玲之介，国人熟知的是“查令十字街84号”，虽然位于此的马克斯 - 科恩书店（Marks & Co）早已于1969年关门歇业，但因为海莲汉芙的同名书籍的流行，引得无数国人去朝圣，也包括笔者在内。

但令人遗憾的是，季羡林到底向这两家书店买到了什么书，日记中没有明确的记载。

（原载《现代出版》2015年第3期）

① 王岷源．亲切怀念默存学长[M]// 沉冰．不一样的记忆：与钱锺书在一起．北京：当代世界出版社，1999:46-47.

青年季羡林清华园读书记

——《清华园日记》中季羡林阅读内容分析

毛银秀　王京山

《清华园日记》是季羡林先生 1932 年 8 月至 1934 年 8 月于清华大学学习期间所写的日记，是青年季羡林对大学生活的真切描述和生动记录，是《清华园日记》独特的价值所在。回望季羡林大学岁月的印记，里面人物形象平凡，并无学界泰斗的登高望远，只有面对未知未来的忐忑不安，与今天大学里的莘莘学子一般无二。然而，清华园的四年学习生活是季羡林迈向未来学术辉煌的起点，其中的学习和阅读无疑占据了极为重要的位置。

《清华园日记》里的季羡林，是处于大三、大四时期的高年级学生。由《清华园日记》中的内容可知，阅读占据了青年季羡林的大部分学习时间。两年的大学生活，季羡林几乎每天都会花上几个小时的时间来阅读，而他的阅读书目数量大、种类广泛。虽然日记内容总是寥寥数语，但却记录了他阅读的点滴，从中国文学到外国文学，他的阅读书目卷帙浩繁。根据《清华园日记》的记录，季羡林大三、大四期间阅读的书目有近 200 本之多，其中外文书籍 100 多本，中文书籍 60 本左右。虽然日记里随处可见他阅读和写作的痕迹，但不同于一般的日记文学形式，里面并没有长篇大论的所思所感，随笔记录的都是他今天在读什么书、简单地描述好与坏、写书评和译作以及计划发表在什么期刊等流水账式的记录。

概括起来，由于季羡林在清华大学学的是西洋文学，所以他在清华园里的阅读可分为外国文学阅读（英文、德文、法文及中文译本）和中国文学阅读，其中前者为主、后者为辅，分别作为课内阅读和课外阅读贯穿季羡林的整个大学学习生活。

一、外国文学作品的阅读

在外文阅读方面，季羡林阅读英文著作比较多。因为他从小学就开始学英语，到高中时甚至委托书店代购英文书籍，英文水平相对较高。在兼容中西文化的清华大学里，阅读英文图书对他来说是既理想又容易的选择。季羡林的英文阅读范围广、形式多样，包括经典小说和文学论著，如英国艾玛和莎士比亚的多数作品，歌德的《歌德全集》、卢梭的《忏悔录》以及一些意大利经典著作等。与英语阅读相比，季羡林德语和法语阅读的量并不大，阅读的过程也比较困难。虽然季羡林的专业是德语，但是他的德语水平并不好，法语学习也是半路出家，两者距离他的英文水平还很远。德文著作方面，季羡林阅读荷尔德林（《清华园日记》中称为“薛德林”或原文“Hölderlin”）和凯勒的作品比较多，其中荷尔德林是季羡林当时很喜欢的作家，他甚至几番周折从海外购得《荷尔德林全集》。日记所提到的法语作品也都是经典著作，如福楼拜的《包法利夫人》、高乃依的《熙德》和莫里哀的《伪君子》，以及普鲁斯特的《在斯万家那边》等。其中《在斯万家那边》的阅读历时漫长，一个多学期都不曾把它读完放下。另外，季羡林阅读的外国文学读本中还包括中文译本，如《浮士德》是郭沫若译本，《罗密欧与朱丽叶》由徐志摩翻译。

关于外国文学，季羡林在日记中的评论很少，只是在读荷尔德林的作品时会多说上几句。例如，他在 1932 年 11 月 22 日记写道："刚才我烛读 Hölderlin[荷尔德林]……万籁俱寂，尘念全无，在摇曳的烛光中，一字字细读下去，真有白天万没有的乐趣……"以及 1933 年 7 月 16 日对荷尔德林书信体小说《许佩里翁》的评价"觉得非常好，拿抒情诗的笔法来写小说，他还是第一个"等。虽然季羡林在日记里评述不多，但是广泛的外语阅读催生了他的诸多译作、消息小抄、书评或是论文，开阔了青年季羡林的眼界，使他逐步走上了尝试写作和发表作品的道路。

《清华园日记》里有很多他发表译作、书评、文坛小抄和论文的记录。如译作《守财奴自传》（[美]D. Marquis 著，《华北日报》，1932.9）和《代替一篇春歌》（[英]H. Jackson 著，《清华周刊》第 39 卷第 1 期，1933.3）；国外文学消息翻译《本年度诺贝尔文学奖金之获得者高斯华绥》（《北平晨报·北晨学园》，1932.12），以及 1932 年 10 月 10 日写到的"早晨作文坛消息两篇，一关于 *Faust*（《浮士德》）英译本，一关于 U.Sinclair 近著 *American Outpost*（《美国前哨》）"，不仅如此，他还就此写了两篇小作文发表在《大公报·文学副刊》上。关于读后作文，1933 年 4 月季羡林为他喜欢的作家荷尔德林写了一篇生平介绍和自身对他的认识，最后在《文学评论》（第 1 卷第 2 期，1934.8）上发表了《近代德国大诗人薛德林早期诗的研究》一文。

不管是译作、消息小抄、书评或是论文，它们的产生都与季羡林广泛的外语阅读密切相关，日记里呈现的信息只是点到为止，但却能找到它们的来处和去处。

二、中国文学作品的阅读

受小时候阅读兴趣的引导，季羡林虽然大学主修西洋文学，但中国文学也在他的阅读中占据着很大的比重，包括中国传统文学和现代文学。在大约 60 本中国文学作品的阅读中，他在日记里发出的感想远远多于外国文学。

（一）中国传统文学阅读

季羡林在中小学时期就打下了很好的古文基础，那时他喜欢看古典通俗文学作品。《清华园日记》里的书单中有不少是古典文学作品，其中阅读时间几乎都集中在 1934 年，既有《红楼梦》《儒林外史》《诗经》等经典著作，也不乏稗官野史、奇闻异志类通俗文学作品，如《西游补》《绿野仙踪》《东游记》《岭南逸史》《北史演义》等。

季羡林虽然喜欢阅读古典通俗小说，但他并非好坏不分，其中《西游补》得到了他的很高评价，并在日记中写道：“《西游补》读完，我觉得这是非常非常好的一部书，完全以幻想为骨干，利用旧的材料，写来如行云流水，捉摸不定，写幻想至此，叹观止矣。”而其他作品在他看来则大多乌烟瘴气所读非文。例如，日记中记道：“昨天看《东游记》，简直不成东西；《绿野仙踪》比较好一点，不过也不高明。”他对《红楼梦》和《儒林外史》赞赏有加，说《儒林外史》“写得的确不坏，充满了 irony[反讽]，几百年前能写这样文章，真不容易”。读《红楼梦》时，他更是深有所感、爱不释手，比起小时候读《红楼梦》的懵懂，这时的季羡林可谓书中觅知音。他能看到林黛玉的孤独，感她所感、忧其所忧，甚至发出“我这次再接着看是拿着刽子手杀人的决心看下去的”这样激烈的情感。此外，季羡林还比较喜欢读南唐后主李煜的词，日记记录有他对《南唐二主全集》的短评：“后主词真好极了。我尤爱读‘帘外雨潺潺’一首，我真想哭呢。”

为什么喜欢《红楼梦》？为什么一句“帘外雨潺潺”就能引起他的悲伤而想要哭？“读书是与古人灵魂的对话”，无论曹雪芹、李煜，或者说是林黛玉，孤独、敏感、细腻、苦闷都能引起季羡林的情感共鸣，“才情皆为人生苦”，也许只有将一腔热情付诸书海，才会感到被救赎。

（二）现代文学阅读

在20世纪30年代，中国的文坛可谓百家争鸣，而当时的北大、清华更是“京派”文学的发源地，文人荟萃，各抒己见。在彼时彼地，季羡林无可避免地受到现代文学的浓厚熏陶，他在师友的影响下大量阅读，积极创作。

“活人的书不可读”这一论调在当时的中国似乎并不成立。在《清华园日记》的书单里，现代文学作品占据了季羡林中国文学阅读的大部分，鲁迅、郁达夫、丁玲、郭沫若、周作人等现代作家的作品都在他的拜读之列，日记中对它们的评价赞赏居多，非议较少。

从日记里几句简短的话语中不难看出，鲁迅的作品，季羡林看得不少，对其人也极为敬重。他秉烛夜读鲁迅的《三闲集》，最后说到“此老倔强如故，不妥协如故，所谓左倾者，实皆他人造谣”，其中的维护敬佩之情显而易见。但在读到《二心集》时，他却又认同鲁迅思想有些偏“左”了。相比较而言，季羡林对周作人的文章总是不乏赞美之词。《中国新文学的源流》让他觉得周作人的思想中庸而健康，但中间也有让他不满之处，他因此还打算作一篇批评该文的文章来。而读完《看云集》，他却给予了极高的评价，认为平时索然无味的事物，经周作人一写，都栩栩如生起来，仿佛一切都有了诗意，而这种评价在整个日记中极为少见。

当然，现代作品中肯定也有不少不合胃口之作，日记中也有明确记录。如丁玲的《母亲》，季羡林一连几天都在读它，最后他却觉得不好，认为背景不足，主人公的变化来得太快。另外，日记里还有一处比较直接的否定，就是读完张露薇的《粪堆上的花蕾》后，他觉得“简直不成东西”，评价简单粗暴，口吻任性纯粹。

此外，若说外国文学引起了季羡林翻译的热情，那么阅读中国文学则激起了他在文学评论方面的写作。20 世纪二三十年代的中国，文艺界的思想异常活跃，不管是大师之间、学子之间或是学子与大师之间都经常出现学术论战的现象。在《清华园日记》中就有多处提到季羡林作文骂某人某作，如前面提到的周作人，虽然季羡林对他评价比较高，但还是忍不住要写一篇文章批上一批。除此之外，日记中还有两处骂战：一篇是《再评烙印》，是批评臧克家的，发表在北晨学园《诗与批评》上；还有一篇是关于《夜会》的书评，后来还有人在《世界日报》上批评他的这一评论。可以想见，当时学校的文学氛围是很浓厚的，骂战是思想的交流，同时也是如季羡林一般爱读书的学子们写作的动力。

《清华园日记》中展示了季羡林的阅读过程不只是吹毛求疵，其中还有不少触动心灵的时候。1933 年 8 月 20 日的日记中记道，受巴金的《家》的启发，在感动之余，季羡林还拟作一篇回忆性散文，名叫《忆》。在第二天，他还写了一篇《家》的书评，发表在《大公报·文学副刊》上。不止于此，季羡林还为李后主作年表和传略，虽然日记中说是为了应付老师吴宓，但从前述不难发现，他也是喜欢李煜的诗的。

通过阅读《清华园日记》，我们可以发现，大学期间季羡林的学习生活是充实的。与书为伴，慰藉了他孤寂的心灵，能在战火纷飞的年代静下心来读书更是可贵可敬。通过持续的阅读，青年季羡林也是受益匪浅。首先，他养成了良好的阅读习惯，为未来的学术研究打下了坚实的基础。坚持不懈的专业阅读，是一个学者脱颖而出的先决条件。季羡林先生后来去德国留学，攻读极为艰深的东方语言文字，这种持之以恒的阅读毅力必不可少。其次，青年季羡林通过阅读确立了自己的人生目标和方向。季羡林通过阅读发现了德国古典浪漫派诗人荷尔德林。荷尔德林作品的精神气质，暗合了季羡林的性格与情感。由于荷尔德林诗集的牵引，季羡林确立了留学德国的人生目标，最终实现了人生的飞跃。青年季羡林的奋斗史，从这个意义上说，基本就是一部阅读史。而季羡林先生当时的阅读书单和阅读经历，对于今天的大学生而言无疑有着重大的启发和借鉴意义。

大师季羡林的大学考试往事

叶　新

每逢期中或者期末要考试的时候，总是大学生最紧张、最头痛的时候。翻看当年的《清华园日记》，即使像季羡林这样的所谓“学霸”也不免临考而怯场：“今天过午第一次考试——Drama[戏剧]。在上场前，颇有些沉不住气之感。窃念自小学而大学，今大学又将毕业，身经大小数百考，亦可谓久征惯战了，为什么仍然沉不住气呢？”（《清华园日记》1933.9.5，以下同）更不免“国骂”，喊出了“妈的，这些混蛋教授，不但不知道自己泄气，还整天考。不是你考，就是我考，考他娘的什么东西？（1934.3.13）”但是还得去考，因为“一学期的成绩就全仗这两天挣（1933.2.6）”。众人景仰的大师当年尚且如此厌考，何况今天的广大普通同学呢！

一、考前："就在这预备与不预备之间"

在大部分人的大学记忆中，刚开学没考试的日子总是惬意的，但过阵子教授们总是要来煞风景，拿考试来压学生。比如"中世纪文学"这门课，季羡林的日记是这么记述的："过午上了班 medieval[中世纪文学]，说下星期要考。（1932.10.6）""晚上预备中世纪文学，因明天有考也。（1932.10.12）""过午中世纪文学，说下星期又要考，真混蛋。（1932.11.22）"仿佛课程是由一系列的考试组成的。

考试使得有限的学习时间变得更有限了，只能拆东墙补西墙，为了这门的考试只能翘那门的课，比如"因为明天还要考中世纪文学，今天 Holland[华兰德] 又催作文，真要命。德文没去上。作法文，读中世纪笔记，又是要命的事。（1932.11.28）"各门的考试总是突然一起袭来，让学生手忙脚乱；再比如"早晨仍只上法文，别人一律大刷，看中世纪也。（1932.11.29）"为了忙中世纪文学的复习考试，季羡林不仅头一天德文课没去上，第二天更是把法文以外的课"一律大刷"了。

大多时候的考试只是老师惩罚学生不上课的手段，比如"听说早晨吴可读因为上课人太少，要礼拜五考 *Madame Bovary*[《包法利夫人》]，大惊，因为我只看了二十页，于是拼命看——头也晕，眼也痛，但也得看，不然看不完。（1933.4.12）""今天的主要工作就是看 *Madame Bovary*[《包法利夫人》]，无论怎样，总得今天看完——眼更痛，头更晕，但我也更往下看，终于完了。不禁大快，但也骂吴可读。（1933.4.13）"接连两天地看《包法利夫人》（*Madame Bovary*），搞得季羡林眼痛头晕，教授当然是要骂骂的。结果呢，第二天吴可读教授的考试是"今天考，题容易（1933.4.14）"。就这么有惊无险地过去了。

上课抄写的笔记是复习考试的基础，问题在于上课没有书，而老师的讲义又太坏，比如"今天才更深切地感到考试的无聊。一些放屁胡诌的讲义硬要我们记！（1933.9.2）”。因为老师讲得不好，没心情听，笔记也记得不好，比如“今天开始头痛，因为发现自己的笔记太坏了。(1933.9.3)”虽然笔记记得太坏，预备还是装装样子的，比如季羡林 1933 年 11 月 6 日的日记是这么写的：

> 今天考 philology[文字学]。考前一直都在预备，但所讲的那些定律等等，我一点也不了解，只是硬往头里装。我笑着对长之：“现在我练习念咒了。”

“文字学（philology）”的课程笔记是记了，但是记的什么当时无心，事后复习起来也就不能理解了。

预备功课的心情总是不那么好，“无聊”是季羡林的口头禅，比如：“这日子过得真无聊，明天要考 philology[文字学]。（1934.1.14）”；又比如：“今天整天都在预备 philology[文字学]，真无聊。我今年过的是什么生活？不是 test[测验]，就是 reading report[读书报告]，这种生活，我真有点受不了。（1933.12.3）”可能是写日记的某种心态所致，总感觉他有点“为赋新词强说愁”的意味。

有时他明知道要考试，但也不想预备。比如“虽然还有一样没考，但总觉得不成问题，好像已经没了事可做一样（1934.1.13）”。因为有把握考试过关，就这样了。再比如：“晚上因为听到吴宓说古代文学明天不考，心里猛然一松，又觉得没事干了。（1933.11.20）”既然不考，还预备什么！又可以得过且过一阵子了。

预备，还是不预备，这是一个难题。比如“这日子过得真无聊，明天要考 philology[文字学]。说预备，实在用不着，因为太容易了。说不预备，又实在放心不下——就在这预备与不预备之间，呆坐在图书馆里。（1934.1.14）”预备只求心安，不预备是因为意义不大，我们只看见一个在图书馆呆坐的季羡林，也仿佛看见了当年的我们。

二、考试："结果一塌糊涂"

复习之后总是要上考场的。对考试的最大感受，季羡林的口头禅是"一塌糊涂"。比如"过午考中世纪，一塌糊涂。（1932.10.13）""早晨法文考了一下，一塌糊涂。（1932.10.17）""今天 Holland[华兰德] 忽然在班上 Dictate[听写]，弄得一塌糊涂。（1932.12.2）""早晨忽考法文，结果一塌糊涂，真是岂有此理。（1932.12.29）""开头考了个法文，弄得一塌糊涂。（1933.2.27）"预备不充分，考试抓瞎是必然的。

但是假如预备充分了又如何呢？我们来看 1933 年 2 月 7 日的记述："今天第一次考。戏曲，只一个题，预备的全没用。"还有 1933 年 2 月 9 日的日记："今天考两样。完全是临时乱抓，预备的全用不上。"

考前预测是季羡林对付考试的一大法宝，比如"Shakespeare[莎士比亚] 的题目又叫我预言着了——Tale stoff[故事素材]。（1933.9.6）。"但是预测准了考题，没笔记也枉然，比如："在考前，我就预言，一定考 High Comedy[高雅喜剧]，因为我的笔记就只缺这一次，按去年的事实，只要我缺，他准考。这次果然又考了。急了一头汗。幸而注册部职员监场，大看别人笔记，他来干涉。（1933.9.5）"幸好还有同学笔记可借用，监考老师来干涉也照抄不误。

因此，作弊是季羡林对付考试的更大"法宝"，再看他的 1933 年 9 月 6 日的日记："今天考 Shakespeare[莎士比亚]，监场者颇知趣。"第二天的日记则是"考现代剧，仍然是照抄"。为什么说"监场者颇知趣"，他的意思是监考老师比较配合或者说迁就学生，随他们抄去。但是作弊也有不顺的时候，请看 1933 年 11 月 30 日的日记：

> 考古代文学，运气还不坏，不过在上班前，满以为，而且预备，可以畅所欲为地去看书。然而吴大先生忽然跑到我后边坐起来，摸着傅东华译的《奥德赛》大看。频摇其头，嘴内频出怪声，而且连呼"不好"。我虽然也偷看了点书，但是却不怎样"畅"。

这条日记最有意思，最跌宕起伏。古代文学课考试，本来以为运气不坏，本来以为可以抄，但是因为自己带了本傅东华译的《奥德赛》，引起了监考的吴宓教授的兴趣，非要坐在他后面看，因而影响了自己作弊的心情，导致看书不怎么“畅”。

最绝的是党义课考试。“过午考党义。平时只一二人上课，今则挤了一屋，大嚷大笑，遥望教师自远处姗姗来，则鼓掌以迎之，教师受惊若宠，咧嘴大笑，每人都尽可能地发着怪问题，说着怪话。怪声一出，全堂哄然，说者意甚自足。结果每人胡抄一阵走路。（1934.6.9）”

这种课内容讲的都是三民主义那一套，本来就枯燥无味。因为是全校公共选修课，有一二百人，但是平时只有一二人上课。考试就是清华园里一场难得的大 Party。老师也极其宽容，善解人意，结果大家照抄一气走人。

那么好学生又如何对待党义考试呢？历史系的夏鼐跟季羡林同级不同系，但绝对是个一心向学的好学生。他 1933 年 1 月 14 日的日记：“下午考党义，胡抄讲义而已。”结果他拿了个“超（E）”，而季羡林抄的结果是“I+”，也就是 65 分左右吧。同样是抄，结果却大不一样。是不是好学生即使是抄，抄得水平也不一般呢？

三、考后：“管他娘，反正考完了”

不管平时笔记记的如何，考试又如何艰难对付，考后的感觉总是好的。1933 年 9 月 5 日“戏剧”课考完之后，季羡林“晚上心里颇舒散，同曹诗人出去大溜”。但大多时候的感觉难以言说，只能发出“终于考完了”之感慨，特别是临近毕业的时候。比如：“终于到了考的时间，而且终于考完了，下来了，仿佛去掉一块心病。（1934.1.15）”“终于把文字学考完了，不管多坏，总是考完了。（1934.5.9）“过午考 Criticism[文学批评]，没怎样看书，头就痛起来，考题非常讨厌，苦坐两小时，而答得仍很少，又不满意——管他娘，反正考完了。（1934.5.28）”

但是考试的终极意义又在哪儿呢？季羡林在 1934 年 3 月 8 日的日记中说："总有不痛快的事：不是这个考，就是那个 test[测验]，我们来上学就真的把自己出卖了吗？"难道也是平时就不好好教学生的老师糊弄学生的一种手段？！季羡林对外文系的教授，特别是外国教授的教学水平还是很有看法的。比如 1932 年 12 月 28 日的记载是："早晨吴可读忘带讲义，不能 lecture[讲课]，小说又没上。（1932.12.28）"老师上了讲台才发现忘了带讲义，然后就给学生放羊了，这绝对是教学事故啊！难怪季羡林大发感慨："吴可读怎么能从 Oxford[牛津大学] 毕业呢，真笑天下之大话！"

季羡林考试总是预备不足，临场抓瞎，成绩如何呢？结果自然是悲催的。让我们来看看他大学最后一学年的成绩单。这学年总计 10 门课程，其中公共必修课 2 门，本系必修课 6 门，本系选修课 1 门，他系必修课 1 门。他总计 1 门得了"超（E-）"，就是代替"大四德文"的"德国抒情诗"，这门还不是考试课，见 1934 年 6 月 7 日的日记："过午又考德国抒情诗，是讨论式，结果费了很多的时间，也没什么意思。"其实就他 1 人考试，好脾气的石坦安教授又是他的毕业论文指导老师，季羡林不得"E-"才怪呢。党义课则得了"及格（I+）"，因为他几乎不上课。剩下的 8 门都是"中等（N）"。其中值得一提的是作为本系选修课的"中西诗之比较"，吴宓教授的课。1934 年 2 月 8 日的日记提到：

> 吴宓把中西诗文比较 paper[论文] 发还，居然给我 I，真浑天下之大蛋！我的 paper 实在值 I，但有比我还坏的，也竟然拿 E 拿 S。一晚上心里不痛快，我觉得是个侮辱。

因为吴宓给了他的期中小论文"I"，骂出了"真浑天下之大蛋"！不得不有所补救，但是老师对他的不良印象也就形成了，期末努力的结果也仍然是个"N"，也就是中等。

看到这样的成绩单，真不能说大学时代的季羡林是个乖乖学习专业的好学生。当然成绩好不能说明一切，兴趣才是最好的老师，大学成功的道路也不止一条。在上大三时，他的文章编译事业已小有所成，在《大公报·文学副刊》等发表不少；而到大四时，他已经找到了他值得为之奋斗的目标，那就是散文写作。功夫在课外，上课不认真、考试不努力就不在话下了。

四、结　语

1934 年 6 月 11 日下午的“文字学”（philology）是季羡林在清华大学的最后一门考试。他考完之后，大发感慨：

> 终于考完了，题目不难。大学生活于此正式告终，心里颇有落寞之感。
>
> 原来以为考完了应该很痛快。而今真的考完了，除了心里有点空虚以外，什么感觉也没有。

因为他从小学、中学而大学身经大小数百考，但突然没啥可考了，不免有“落寞”“空虚”，而不是“应该很痛快”之感。等下学期开学，他就成了济南高中的一名国文教师，要开始考中学生了。

感谢季羡林先生当年出版《清华园日记》时严词拒绝“稍稍涂点脂抹点粉”，而是将日记原文照相影印，“赤条条走上舞台”，还原了一个真实、可信的大学生季羡林。每当读到这些日记文字，总让我们回想起自己的大学时代，回想起那些为考试仓促应战的岁月。大学并不只是学习和考试的场所，而更是学生自我塑造、自我成才、追求自我的场所。谁又能想到，因为 1935 年一个偶然的留德学习机会，季羡林走上了研究东方语言文学的道路，走上了世人瞩目的学术巅峰。

众人以为“学霸”，日记还原“学弱”，从季羡林当年上大学的情形，再联想到他能成为一代学术宗师和著名散文作家，当今我们大学师生能不能从中悟出点什么教育的真谛呢？

季羡林毕业“抢饭碗”

叶　新

作为季羡林写于大三、大四时的日记，《清华园日记》为我们保留了他在清华大学生活的珍贵记录，毕业找工作也不例外。早在大三开始之前的 1932 年 8 月 25 日，季羡林就在日记里写下：

> 以前我老觉得学生生活的高贵，尤其是入了清华，简直有腚上长尾巴的神气，绝不想到毕业后找职业的困难。今年暑假回家，仿佛触到一点现实似的，一方又受了大千老兄（美国留学生）找职业碰壁的刺激，——忽然醒过来了，这一醒不打紧，却出了一身冷汗。……现在常浮现到我眼前的幻景是——我在社会上能抢到一只饭碗（不择手段）。

1930 年暑假，包括季羡林在内的近百名山东学子来北平参加清华大学和北京大学的入学考试，结果侥幸过关者仅三人而已。除了宫兴廉考上北大，他和王联榜两个学校都考上了，王联榜最终选择了北大数学系。而季羡林因为考虑到清华的出国机会多，最后选择了清华大学西洋文学系。成为国内最顶尖高校的一员后，季羡林一开始自然地感觉无论工作、考研还是出国，一切都不在话下。但是大学生活进入到“下半场”时，现实似乎打碎了他的梦想。

上文提到的“大千老兄”即许振德的哥哥许振英，后来成为我国著名的畜牧学家。许振德，字大千，是季羡林外文系的上届师兄，又是清华山东同乡会会长，平时在学校里对他很是关照。许振英 1927 年从清华学校毕业后赴美留学，1932 年夏天学成回国，头顶康奈尔大学农学硕士光环的他，当时却不能找到一份像样的工作。这确实让待在象牙塔里的季羡林不得不去琢磨将来毕业时能否找到一份工作，按他的说法是“抢一只饭碗”，这让他美妙的大学生活变得有点沉重起来。

但找工作并不是当时清华毕业生的唯一出路，我们来看 1932 年 11 月 10 日的日记：

> 我近来常感觉到肩上仿佛多了点东西。——就是平常所说的担子吗？倘若可能的话，我还想大学毕业后再做进一步的研究。我总觉得大学毕业平常人以为该是做事的时候，我却不以为然。大学毕业是很不容易的，毕业不能继续研究，比中学毕业还难堪。我有个偏见，中学是培养职业人才的地方，大学是培养研究人才的地方。

他认为比毕业找工作更好的出路是继续深造，大学有培养研究人才的职能，清华大学尤其如此。当时的清华已经有研究院了，比如跟他一起上德文课的田德望、上届师兄钱锺书的女朋友杨绛，都是清华大学外语学部的研究生。

如果说在大三考虑毕业后的前途还为时过早的话，到大四就不能这么说了。我们来看季羡林 1933 年 8 月 16 日的日记记载：

今天一天精神不好，一方面因为还有点想家（笑话！），再一方面就因为看到这次清华公费留学生考试。我很想到外国去一趟，但是学的这门又不时行，机会极少。同时又想到同在一个大学里为什么别人有出洋的机会，我就没有呢？

季羡林刚进清华大学时的想法就是要留洋出国，而作为留美预备学校时期的清华学校，当时的学生是个个出国留学。比如在 10 年前 1923 年的夏天，梁实秋和他的同学们就是坐着“杰克逊总统”号去美国留学的。而到清华学校升格为清华大学后，学生就没有这样好的待遇了。清华大学的学生要出国留学，必须和其他大学的学生一起参加全国性的公费留学生考试，而且只限于英美两国。看来季羡林当初选择德语方向，是个美丽的错误了。

但是去德国留学是季羡林的梦想啊！他在第二天的日记中写道：“我最近觉到，留美实在没意思。立志非到德国去一趟不行，我先在这里做个自誓。”他看不上留美，而令人感觉神奇的是，两年后他的“留德梦”就实现了。如果说 1935 年夏天他的师兄钱锺书，他的同级历史系校友夏鼐是靠考取公费去英国留学的话，那么他靠的是赴德交换留学生的机会，真是天赐良机，求仁得仁了。

不过，留学是美好的梦想，就业是残酷的现实。到了 1934 年初，大四上学期的考试成绩出来之后，季羡林开始真正着急起来，他在 1934 年 1 月 26 日的日记中写道：

分数差不多全出来了，真使我生气，有几门我简直想不到我能得那样坏的分数。这些教授，真是混蛋，随意乱来。

因为分数的关系，又想到将来能否入研究院，山东教育厅津贴能否得到——心里极不痛快。

因为上一学期忙于创作和投稿，季羡林在学习上投入的精力更少了，成绩之差是自然的事情，但是学生的心理往往是：宁可怪教授不体谅学生，也不能怪自己不努力啊。看季羡林大学四年的成绩单，基本处于中等偏上水平。按规定，这样的考试成绩是不能升入研究院的。

想出国就要参加考试，想不考试升入研究院就要有优异的成绩，看来只有找工作这一条路了。这时天上掉下了块馅饼。按季羡林自己的话说，是“在这危急存亡的时刻，好机遇似乎是从天而降”。1934年2月18日，季羡林进城和同学拍毕业照，在北大碰见了高中同学王联榜（后改名为王峻岑）。他在这一天的日记中写道：

> 在北大二院门口遇峻岑，他告我宋还吾有请我做高中教员的意思，但不知成不成。我倒非常高兴。

宋还吾当时任季羡林的母校山东省立济南高级中学的校长，希望请他去做教师。在当时的清华大学，优秀的毕业生可以留校当助教，充当老师阶层的最末一等，每月才80元大洋；而如果去当中学老师则可以翻倍，也就是160元大洋。当时清华大学学生一个月的伙食费才6元大洋而已。

当时的中学校长去哪儿当校长，都有自己的基本班底。宋还吾校长请季羡林来当老师的初衷，是想让他“出面组织一个济南高中校友会，以壮大宋家军的军威”。但是计划赶不上变化，后来的他组织乏力，并没有很好地完成宋校长的“嘱托”。

季羡林如果能在济南谋得中学教师的职位，也就不至于看婶母的白眼，受家里的非难了，所以这件事让他高兴了好几天。但是升入研究院的梦想也还没有破灭，他在2月26日的日记中写道：

> 我最近有个矛盾的心理，我一方面希望能再入一年研究院。入研究院我并不想念什么书，因为我觉得我想从事的事业可以现在才开头，

倘离开北平，就不容易继续下去。一方面我又希望真能回到济南做一做教员。对家庭固然好说，对看不起我的人，也还知道我能饿不死。

毕竟北平的平台要比济南大得多得多，他如果能在研究院做研究，念书是其次，主要是可以实现他的作家梦，努力在北平文坛站住脚，考公费留学也在情理之中。不过念研究院有希望，但是没钱。而工作了，就可以自食其力，顺便拯救濒临破产的大家庭。继续待在象牙塔，还是承担起生活的重担，这使他处于一种两难的选择境地。

1934年4月初，他匆匆写完了毕业论文，开始了他在江南的毕业旅行。4月18日回到济南的家，江南风景的小美好随即被婶母给煞风景地打破。他在日记中写道：

婶母见面三句话没谈，就谈到我应当赶快找点事做。那种态度，那种脸色，我真受不了。天哪！为什么把我放在这样一个家庭里呢？

家庭不是他停泊的港湾，而是他生活的刺激。季羡林6岁就到叔叔家寄居，婶母的世俗总是让他无法忍受，但也无法逃避。还是赶紧回校园吧！

但是校园的一系列毕业季活动也在提醒他，清华园虽然美好，但是留日无多。5月11日的晚上，大学里的山东同乡会请吃饭喝酒，他在第二天的日记里感慨说："毕业真不是个好事，昨天晚上被人家欢送的时候，我有仿佛被别人遗弃了似的感觉。"然后是北平的济南高中同学会欢送毕业，让他感觉"真不好过"。季羡林感觉自己马上就要被赶出清华园，赶出北平城了，但是他心中的矛盾无法排解，见他5月13日的日记："访峻岑。最近因为快要毕业，心里老有一个矛盾——一方面是想往前进，一方面又想做事。"

他找王联榜还是为去济南高中当教员的事情，问问进展如何，见5月22日的日记：

仍然有矛盾的思想：今天接到峻岑的信，高中教员大概有成的可能。心里有点高兴，但又觉得，倘若成了，学生生活将于此终结。颇有凄然之感。

一方面想赶紧找到工作，另一方面找到工作就不能进入研究院学习，如何是好？不过还是解决工作这一头吧，不能两头落空。5月24日季羡林进城，又去找王联榜。宋还吾校长的回信让他既高兴又为难。他在这一天的日记中写道：

宋还吾有信来，仍然关于教员事。我先以为要找我教英文，岂知是教国文。这却叫我不敢立刻答应。这简直有点冒险。

季羡林以为宋还吾校长请他回山东省立济南高级中学是当英文老师，从上几届师兄的就业状况来看，高中英文老师是一个比较普遍而理想的选择。但是宋校长这回是让他当国文教师，一个外语系毕业生去当国文老师，这事比较冒险，季羡林需要静静。看他第二天的日记：

教员问题一天都在我脑筋里转着。我问长之，他答得不着边际。我自己决定，答应了他再说，反正总有办法的。

李长之也不能给季羡林明确的答案，他决定先答应下来再说。因此他马上写信给王峻岑，答应到高中去当老师。他的想法是“尽管有点冒险，但也管不了许多”。

还好去当中学老师的决心已下，因为升研究院之事又有了新的说法。清华大学经学校评议会议决，出台了修订通过的《国立清华大学研究院章程》。其第三条规定：“研究院学生入学资格，以国立、省立或经教育部立案之私立大学，与独立学院毕业生，经入学考试，成绩及格录取者为限。”

清华大学研究院必须考试通过才能入学，以往的考试成绩好坏则无关紧要了。他在5月31日的日记中写道：

前两天教育部通令，研究院非经考试不能入。昨天评议会议决，毕业后无论成绩好坏，皆须经过考试才能入研究院——我虽然不想入研究院，但想做两年事后再入。这样一来，分数何用？不必念书了。

这样一来，季羡林当中学老师的心就完全定了下来，那种还想努力向上的心也就凉了下来，接下来三天的日记都是："心里更不想念书，觉得反正已经是这么一回事了。念又有什么用？""不愿意念书，学校生活就要从此绝缘，将来同黑暗的社会斗争。现在不快活，还等什么时候呢？""心里空空的，觉得一切都到了头，大可不必再积极想做什么事。但是心里并不是不痛快，认真说起来觉得自己能找到事做，还有点痛快。"我有工作我痛快，且把念书搁一边。

6月11日，他考完了大学的最后一门考试"文字学"，真是感慨万千："终于考完了，题目不难。大学生活于此正式告终，心里颇有落寞之感。"

然后就是6月22日上午的毕业典礼，胡适先生莅临发表毕业演讲，不过季羡林没去，历史系的夏鼐倒是去了。夏鼐在这一天的日记中写道：

上午10时行毕业礼。来宾演讲是胡适。4年前在光华时曾听过他在毕业礼上的致辞，这次也不外那套陈话，说："自己有三张药方，好比观音赐予孙行者的三根毫毛，可以给你们将来救急用：（1）多找出几个问题，以作研究；（2）多弄点业余的玩意儿，在职业外发展自己的天才；（3）要有自信心，自强不息，不问收获，但问耕耘。"实则根据自己这几天的经验，毕业即同失业，什么也谈不到。胡适所说的，依旧是局外人的风凉话而已。

此时的夏鼐心情比较忐忑和复杂，他在清华就读的光华附中同学似乎都有美好的前途："宁君已决定赴美国麻省理工大学，陈君下学期毕业后拟赴英国伦敦大学经济学院，刘君拟赴日本庆应大学，张君正在预备考留美，反顾自己的前途，顿生渺茫之感。"（见 1934 年 6 月 19 日《夏鼐日记》）他不愿意马上就业，但是公费留美考试安排在 7 月份，还需奋力一搏。

胡适在毕业典礼上赠予毕业生的三个药方，毕竟是"诗和远方"，不能解决当下毕业生的"苟且"！将来能否像胡适一样功成名就，当时谁又能预料得到呢？但是后来夏鼐、季羡林在各自的领域功成名就，又无不是实践胡适的"三个药方"的结果。

山东省立济南高级中学 8 月中旬就要开学，因此季羡林必须回济南和学校面谈具体的教学任务。他 6 月 30 日的日记记载是"晚上去见蒋程九，谈了半天"。蒋程九是济南高中的教务长，第二天他又见到了宋校长，"晚上又去见蒋程九，我们一同去见宋还吾，谈的关于教务上的事情"。7 月 5 日的日记是"早晨去访宋还吾，到高中校内，见到蒋程九先生，谈的仍然关于教务上的事情"。因为离正式开学还有一个月左右的时间，他谈妥教务上的事之后，又回到此时已安静下来的清华园，提前备备课，翻译点文章。

工作定下之后，季羡林接下来的问题就是如何做好一个国文教师了。他虽然没有教国文的经验，但是他毕竟有学国文的经验啊！实际上，他高中和大学的国文教师对如何教国文，并没有一定之规，往往随心所欲。而他要做的是，在随心所欲的原则之外有自己的一定之规，也就是孔子所说的"从心所欲不逾矩"。

对于高中国文的教学内容，季羡林后来回忆说："我根据自己的兴趣，选了一些中国古典诗文。我的任务就是解释文中的典故和难解的词句。"提前备课的内容，在他的清华园日记中也有一些反映。

季羡林在 7 月 14 日的日记中写道："先念郑振铎'文学史'。"第二天的日记："仍然读郑振铎《中国文学史》。没有清代，非常可惜。"他想借郑振铎先生的《插图本中国文学史》整理一下教学思路，然后就是如何选文的问题。

季羡林真正喜欢的是以唐代诗人李商隐为代表的晚唐体诗歌，还有明末的小品文。他在8月17日的日记中大发感慨道：

> 早晨读完《陶庵梦忆》，明人小品实有不可及者，张宗子文章尤其写得好。
>
> 过午读《近代散文钞》，有几篇写得真好，叹观止矣。

而要找更多的明末小品文，沈启无1932年编选的《近代散文钞》成了他按图索骥的"图"。他在7月23日的日记中还写道："晚上又照例出去散步。归来读《近代散文钞》。袁中郎的文字写得真好！"《近代散文钞》以明代公安、竟陵两派为中心，收录17人的172篇作品，对他来说就是一个国文教学素材宝库。

此时的季羡林已经逐渐有了当中学老师的"代入感"，对未来的教学生活也是充满了期待。他在7月18日的日记中写道："别人当教习，谈话多为教习事，自己觉得可笑。现在自己来当，脑筋里所想的无一而非教习事，不更滑稽吗？"

此时的季羡林，想的不是"假如我是一名中学教师"，而是"我真的是一名教师"了。

1934年8月30日对季羡林来说，是很可纪念的一天。他在这一天的日记中写道：

> 过午第一次上课——这也可以说是我生平第一次上讲堂，所以在事前，心里颇忐忑，唯恐在堂出了笑话。及至上去，飘然了一会之后，也就好了。及至下来了，才知道，上堂原不过这么一回事。但终究是颇讨厌的。

据说，季羡林很崇拜的沈从文先生 1929 年被上海公学校长胡适先生邀请来学校当老师，第一次上课时根本不敢坦然面对学生，只能在黑板上写下“我第一次上课，见你们人多，怕了，等我十分钟”。而课前准备的满满当当两节课的内容，10 分钟就草草讲完了。

跟初登讲台的沈从文相比，季羡林不会这么慌张，他上完开学第一课的感想是“上堂原不过这么一回事”。

虽然这一年的教学生活还算惬意，但这并不是季羡林的最终理想，而是他的“留德梦”的短暂过渡。宋还吾校长请他来的目的是让他组织一个济南高中同学会，但是他并没有很好地完成宋校长的嘱托，高中的尔虞我诈和虚伪也让他萌生了去意。此时，好运再次砸中季羡林。1935 年，清华大学与德国签订了交换研究生的协定，季羡林报名应考被录取，成了第一批赴德留学的幸运儿。他短暂的教学生涯也就这么结束了。

终其一生来说，季羡林先生可以说是一个幸运的人，也是一个勤奋的人。善于抓住机会的他是自己命运的掌控者。我们为他遗憾，因为他没有亲耳听到胡适先生在清华大学毕业典礼上讲的“三个药方”，但是他在德国哥廷根大学找到了自己要研究的问题，完成了被评为优秀的博士论文，做了胡适校长领导的北大东方语文系教授兼系主任，又在学业之外“龙虫并雕”，成了一名著名的散文家，而他的成功就在于自强和勤奋。是的，他亲身实践这“三个药方”，获得了堪与胡适先生比肩的、属于自己的成功。

从《清华园日记》看大学时代季羡林面临的多重逆境及其奋斗之路

王京山

《清华园日记》是季羡林于清华大学学习期间所写的日记，时间跨度为 1932 年 8 月 22 日至 1934 年 8 月 11 日。这是季羡林 21 到 23 岁的真实记录。季羡林在日记前面的引言中说，这些日记“写得丰满，比较生动，心中毫无顾忌，真正是畅所欲言”。[①] 虽然“有时难免有披头散发之感，却有一种真情流贯其中，与那种峨冠博带式的文章迥异其趣。我爱上了这些粗糙但却自然无雕饰的东西”。为此，他决定一字不改，原样出影印版和排印版，“目的是向读者献上一份真诚”。这就为我们查考季羡林大学时代的生活提供了便利。

---

① 季羡林著，叶新校注．清华园日记：全本校注版 [M]．上海：东方出版中心，2018:2．注：除非单独标注，本书所引原文均出自季羡林《清华园日记》，故后文省略标注。

阅读季羡林的《清华园日记》，原本众人仰望的“学界泰斗”“国学大师”不见了，取而代之的是一个满腔不平的青年学子，他抑郁、彷徨、孤傲、寂寞，怨天尤人，甚至破口大骂，这都与我们今天的大学生有着相似的地方。在《清华园日记》里，季羡林面临着人生的各种逆境，他辛辛苦苦上下求索，小心翼翼寻找出路，成则睥睨天下，败则垂头丧气。虽然《清华园日记》缺了季羡林大学生活的前两年，但这并不妨碍我们探讨他大学时代的真实生活，包括他面临的多重逆境。

一、大学时代季羡林面临的多重逆境

季羡林是以一个“学霸”的姿态投考清华的。当时季羡林头戴高中三年六连冠的光环，离开山东来到北平，同时报考了北大和清华，又同时被两个学校录取。为了能够出国留学，季羡林选择了清华大学西洋文学系。在大学期间，季羡林面临着前途、事业和家庭生活的多重逆境，他郁郁寡欢，同时又不断寻找人生的出路。概而言之，他的大学生活就是一代青年才俊在多重逆境中不断奋斗拼搏成长的历程。

（一）前途学业的逆境

季羡林来到清华，开始还是很有些洋洋得意的。毕竟，能同时考取北大和清华的人，可以说是凤毛麟角。更何况，当时的清华大学西洋文学系驰誉华夏，被认为是国内西洋文学系之翘楚。难怪当时的季羡林入了清华感觉“简直有腚上长尾巴的神气”。但是，现实很快让季羡林失望了，他发现即使在清华大学西洋文学系这样国内一流的专业就读，也一样会面临诸多困难。

1. 盛名难副的清华西洋文学系教授

首先让青年季羡林感到失望的，就是当时清华西洋文学系盛名之下其实难副。当时清华大学西洋文学系虽名为国内一流的西洋文学系，细究其教授师资，却乏善可陈。

在季羡林的回忆中，清华大学西洋文学系闻名遐迩，却缺乏真正学富五车的教授。当时的系主任王文显，教授叶公超、杨丙辰等都没有什么学术著作或学术论文，有的只是“几个用英文写的剧本”或“翻译过一些德国古典文学作品”。本系最有学问的吴宓教授也不过“擅长旧诗，出版有《吴宓诗集》”。而给他们讲授“大一国文”的中文系主任刘文典，一个学期只讲江淹的《别赋》和《恨赋》两篇文章。显然，他们的学识和任教态度都不能让青年季羡林敬服，更遑论崇拜。

本系聘请的外国教授也一样令人失望：温德（Winter）“没有写任何学术论文”，必莲（Bille）“不见任何研究成果”，石坦安（Diether von den Steinen）、吴可读（Pollard Urquert）都“没有任何著作”，翟孟生（Jameson）“著有《欧洲文学史纲》一书，厚厚的一大本，既无新见解，错误又不少”，艾克（Ecke）“研究中国明清家具，著有《中国宝塔》一书”，整体来看，外国教授的学术水平不高。更有外国教授如华兰德（Holland）性情古怪，“患有迫害狂，上课就骂学生。学生成绩好了，她便怒不可遏，因为抓不到辫子骂人。”面对没有什么学术著作却担任教授的情况，季羡林认为“这在欧美大学中是无法想象的；在那里他们最高能得到助教，或者像德国的 Lektor[外语讲师]。中国则一律教授之，此理殊不可解”。

正因为季羡林在清华西洋文学系没有看到令他敬服的专家教授，他对这些教授十分不敬，甚至破口大骂：“妈的，这些混蛋教授，不但不知道自己泄气，还整天考。不是你考，就是我考。考他娘的什么东西？”可以想象，在这样的认知和心境中，季羡林个人的自信心是何等的低落。

2. 平平淡淡的学业

大学时代季羡林并不信服本系的教授，“刷课”也就几乎成了家常便饭：

> 我早晨有四堂课要上。但是我只上三堂，因为我实在有点累了。——被刷的是Winter[温德]。
>
> 过午英文又刷。
>
> 早晨四班，刷吴可读一班。
>
> 今天是上课的第一天，第一堂就是法文，我住在城里只好大刷。
>
> 今天学校里照常上课，我却自动刷了。
>
> ……

对于同学，季羡林也常有不满：

> 我的同屋陈兆祐君，这朋友我真不能交——没热情，没思想，死木头一块，没有生命力，丝毫也没有。……吕宝东更是混蛋一个，没人味。
>
> 我觉得我所认识的朋友够了解我的实在太少了。人们为什么一天戴着面具呢？我感觉到窒息。
>
> 我认识了什么叫朋友！什么东西。我以后一个鸟朋友也不要。我为什么不被人家看得起呢？
>
> ……

缺乏志同道合的良师益友，青年季羡林冷僻、孤傲，对学习也不再是“学霸”式的迎难而上，而是得过且过起来：

过午考中世纪，一塌糊涂。

早晨法文考了一下，一塌糊涂。

过午中世纪考得倍儿坏，然而也没关系，总是过去了。

考古代文学，大抄一阵。考文学批评，颇坐蜡，但也对付上了。

过午考Criticism[文学批评]，没怎样看书，头就痛起来，考题非常讨厌，苦坐两小时，而答得仍很少，又不满意——管他娘，反正考完了。

……

在这样的学习状态下，其学习成绩也并非“一枝独秀”。据季羡林研究专家叶新教授考证，季羡林在大学时代并不是一个“大学霸”。当时清华大学的成绩分为从高到低分为五等：E（超）、S（上）、N（中）、I（下）、F（末），而季羡林的毕业成绩单里“N（中）”所占的比例最高。[①]所以，季羡林的大学学业较为平淡，偶有亮点。至于学习成绩，最突出的是四年德语成绩都是“E（超）”，这成为他毕业后能够去德国留学最有力的评判依据。

3. 毕业即失业的残酷现实

虽然季羡林就读的是国内一流的西洋文学系，但还是难逃“毕业即失业”的残酷现实。当时求职很不容易，“饭碗问题”是性命攸关的问题。季羡林大学期间主要靠叔父供养，学费和膳食费等开支使家庭经济捉襟见肘。虽然有一些公费补助，但杯水车薪，无济于事。对季羡林来说，他需要毕业后尽快谋职工作，以减轻家庭经济负担。故此在《清华园日记》开头，季羡林大学三年级伊始就为此大伤脑筋：“今年暑假回家，仿佛触到一点现实似的，一方又受了大千老兄（美国留学生）找职业碰壁的刺激，——忽然醒过来了，这一醒不打紧，却出了一身冷汗。我对学生生活起了反感，因为学生（生活）

---

① 刘蕊，谷素梅.《清华园日记》再版 还原更加真实的季羡林[EB/OL]. http://www.takungpao.com/culture/237147/2018/1029/196357.html,2018-10-29.

在学校里求不到学问，出了校门碰壁。我看了这些摇头摆尾的先生我真觉得可怜啊！”后来，随着时间的推移，他求职的焦虑日益加深：

> 又想到职业问题，实在有点讨厌。家里所要求的，和自己所期望的总弄不到一块，这也是矛盾吗？但却不能谐和。
>
> 忽然想到职业问题。好在脑子里盘旋。明年就要毕业，职业也真成问题。

后来季羡林下定决心去德国留学，但决心一下，工作求职更显重要和迫切：“最近我一心想到德国，现在去当然不可能。我想做几年事积几千块钱，非去一趟住三四年不成……”形势是明摆着的，必须要“抢一只饭碗”。但是季羡林奔走无门，一筹莫展。求职问题也就成了季羡林大学期间必须面对的一大问题。

（二）家庭生活的逆境

季羡林的家庭生活并不温馨幸福，甚至让他备感压抑。在 1933 年 3 月 3 日的日记中他写道：

> 家庭，论理应该是很甜蜜。然而我的家庭，不甜不蜜也罢，却只是我的负担。物质上，当然了，灵魂上的负担却受不了。

通过《清华园日记》可以发现，季羡林面临着家庭生活的诸多不顺。

1. 寄人篱下的窘境

季羡林成长的家庭环境十分特殊。他生父早亡，幼年同母亲在清平县农村老家相依为命，直到六岁离开母亲来到济南，寄居于叔父季嗣诚家。从旁人看来，季羡林的叔父很好地履行了父亲的教养责任。因为叔父没有儿子，他对季羡林视同己出。季羡林在叔父家不但衣食无忧，更难得的是叔父极为关心季羡林的成长，供季羡林接受良好的教育，直到季羡林清华大学毕业，后来又资助他出国留学。对于季羡林的外语学习，叔父更是十分重视，为季羡林考入清华西洋文学系打下了坚实的基础。叔父还帮助季羡林成家。没有叔父的支持，也就没有季羡林后来的巨大成就。对此，青年季羡林理智上是认可的。

但是，从感情上来说，叔父毕竟不是生父，那种距离感是无法消泯的。叔父带着季羡林离开了农村老家，也离开了母亲。季羡林从幼年开始就与母亲分离，长久不能相聚，而且在叔父家中生活不能自主，这让季羡林长期感觉寄人篱下，心情十分压抑。叔父家庭内部复杂的人际关系，让季羡林身心俱疲："我近来对家庭感到十二分的烦恶，并不是昧良心的话。瞻望前途，不禁三叹。"他对许多事敢怒不敢言，只能逃避家庭："预定明天回北平。说实话，家庭实在没念念的必要与可能，但心里总仿佛要丢什么东西似的，惘惘地，有醉意。"这种寄人篱下，诸事不能自主的窘境，很长时间季羡林都无法摆脱，甚至影响了他的家庭观念。

2. 琴瑟不调的夫妻关系

季羡林是季家的独苗，到清华上大学之前已经结婚，妻子是大他四岁的济南女子彭德华。这是典型的父叔之命、媒妁之言的包办婚姻。彭德华虽然贤良淑德、任劳任怨，但她并非季羡林的意中人，夫妻始终琴瑟不调，感情淡漠。在《清华园日记》的起始，季羡林就写道："使我最不能忘的（永远不能忘的）是我的 H（彭德华），竟然（经过种种甜蜜的阶段）使我得到 der Schmerz[痛苦] 的真味。"在这里，他对妻子的不满意溢于言表。

1932 年 9 月 23 日，季羡林从家信中得知妻子怀孕的消息后，"我简直不知道是喜是悲。一方面我希望这不会是真的，一方面我又希望 < 是真

的 >。”1933 年 5 月 15 日，季羡林接到家信，得知女儿出生：

第一即见到秋妹信，言家中近中尚不能寄钱，德华生一女。心颇急，精神靡颓。

这种矛盾心理，反映了季羡林对妻子的疏离隔膜。

夫妻感情淡漠，让青年季羡林深感爱的匮乏：

我〈最〉近觉到很孤独。我需要人的爱，但是谁能爱我呢？我需要人的了解，但是谁能了解我呢？我仿佛站在辽阔的沙漠里，听不到一点人声。

没有爱情的婚姻，成为季羡林心中长久的遗憾。

3. 抱憾终身的母亲去世

季羡林幼年离开母亲寄居于叔父家，享受母爱很少，使他对母亲十分依恋。季羡林离开母亲之后，有两次短暂的会面。他虽然盼望母子团聚共享天伦之乐，但寄人篱下的现实让他的想法无法实现。到清华上大学后，季羡林暗暗立下誓愿：一旦大学毕业，自己找到工作，立即迎养母亲。[①]然而，“树欲静而风不止，子欲养而亲不待”，在季羡林大学尚未毕业之际，母亲突然去世。在母亲去世之前，母子已整整八年未见。这八年间，季羡林读完初中，上高中，停学一年，再读，娶妻，高中毕业，上大学，生女……如此漫长的时间，季羡林竟然没有抽出一些日子回家与母亲团聚。

母亲的去世对于季羡林是巨大的打击。在《清华园日记》中，母亲故去，季羡林还乡治丧，这一段时间没有日记。返回清华重新记日记，起初他不相信母亲已经去世：

① 季羡林．赋得永久的悔 [EB/OL]. http://www.rain8.com/article/class4/201412/22564.htm,2014-12-24.

> 有时候，脑筋里仿佛一阵迷糊，我仍然不相信母亲真的死去了。
>
> 有时候，忽然一闪，仍然不相信母亲会死了（我写这日记的时候还有点疑惑呢）。她怎么就会死了呢？绝不会的，绝不会舍了我走了的。
>
> 不知为什么，我老不相信她是死了。她不会死的，绝不会！在这以前，我脑筋里从来没有她会死的概念。

此后，季羡林对母亲的去世深感遗憾和痛苦：

> 我同母亲八年没见面，她就会死了吗？我的心真痛。
>
> 晚上又想到母亲，又大哭失声，我真不了解，上天何以单给我这样的命运呢？我想到自杀。
>
> 最近心情很坏，想到过去，对不住母亲，对不住许多人。
>
> 我真不明了整八年在短短一生里占多长的时间，为什么竟一次也没家去看母亲呢？使她老人家含恨九泉，不能瞑目！呜呼，茫茫苍天，此恨何极？我哭了半夜，夜里失眠。
>
> 昨天又想到母亲，其实我时常想到的。我不能不哭，当想到母亲困苦艰难的一生，没能见她的儿子一面就死去了，天哪，为什么叫我有这样的命运呢？

母亲的去世，是季羡林“永久的悔”。

二、大学时代季羡林面对逆境的奋斗之路

季羡林的大学时代并不太平，心中充溢着看不见出路的苦闷。季羡林意识到自己面临的重重逆境，诸事不如意，让他心里十分矛盾。在《清华园日记》中，他有时候颓唐抑郁，有时候随波逐流。但他毕竟是高中三年六连冠、曾被北大和清华同时录取的天之骄子，现在就读于国内最好的西

洋文学系，自负的他面对逆境不会轻易认输的。他深信，经过自己的不懈努力，他一定会有一个光明的未来：“理想不管怎样简单，只要肯干，就能成功，‘干’能胜过一切困难，一切偏见”。但他又从哪里“干”起呢？

走投无路之际，还是中国传统的文人情怀在支撑着他：十年寒窗无人问，一举成名天下知。他要努力奋斗，博得功名再计较。那么他的“功名”在哪里？就在顺利毕业拿到清华的文凭，甚至出国留洋“镀金”成为“洋翰林”，这样才能在社会上出人头地、光宗耀祖。为此，他决定选择脚踏实地的道路——认真读书、努力写文章，为未来的一举成名做扎实的准备。

（一）博览群书，学富五车

作为一个清华的大学生，首先是一个“读书人”。为此，季羡林认真读书，想努力成为一个学富五车的真正学者。在《清华园日记》中，阅读占据了青年季羡林的大部分学习时间。几乎每天他都要花几个小时阅读，他阅读的图书数量多且种类广泛。从日记中看出，季羡林大三、大四期间阅读的图书有近两百本之多，其中外文书籍一百多本，中文书籍六十本左右。由于他的专业是西洋文学，所以他的阅读可分为外国文学阅读（英文、德文、法文及中文译本）和中国文学阅读，其中又以前者为主、后者为辅，分别作为课内阅读和课外阅读贯穿于整个大学的学习生活。

在外文阅读方面，季羡林阅读英文著作比较多。其英文阅读范围广、形式多样，包括经典小说和文学论著，如英国奥斯汀和莎士比亚的多数作品，歌德的《歌德全集》和卢梭的《忏悔录》以及一些意大利经典著作等。这是因为他从小学开始就学英语，英文水平相对比较高。而德语和法语作品的阅读量并不大，阅读的过程也比较困难。季羡林阅读的外国文学读本中还包括中文译本，如《浮士德》是郭沫若译本，《罗密欧与朱丽叶》由徐志摩翻译。

此外，季羡林在大学期间也十分重视中国文学作品的阅读，包括中国传统文学和现代文学阅读。古典文学作品既有如《红楼梦》《儒林外史》《诗经》等经典著作，也不乏稗官野史、奇闻异志类通俗文学作品，如《西游补》《绿野仙踪》《东游记》《岭南逸史》和《北史演义》等。现代文学方面，鲁迅、郁达夫、丁玲、郭沫若、周作人等现代作家的作品都在他的阅读之列。

大学时的季羡林经济稍为宽裕时，为了专业学习和阅读的需要，在老师和同学的影响下，也开始买书。《清华园日记》反映出季羡林很爱买书，几乎每次出去他都要买书。他还从国内外书店订购了不少外文书，其中不乏“善本”。在季羡林的诸多购书经历中，既有购得的欣喜，也有不得的烦恼，还有书多的为难。比如 1933 年初，日军逼近热河，榆关和山海关先后失守，清华园里人心惶惶，无心学习考试的学生纷纷离校。季羡林虽留守清华，却也在为他购买的诸多图书心神不宁：“我现在所挂心者只是这几本破书。以前只嫌少，现在又嫌多了。”

通过持续的阅读，青年季羡林受益匪浅。他在大学期间养成了良好的阅读习惯，为未来的学术研究打下了坚实的基础。坚持不懈的专业阅读，是一个学者脱颖而出的先决条件。[①] 同时，季羡林通过阅读发现了德国古典浪漫派诗人荷尔德林，确立了自己的人生目标和方向。荷尔德林作品的精神气质，暗合了季羡林的性格与情感。季羡林将荷尔德林的作品视为抚慰心灵的精神良药。在 1932 年 11 月 22 日的日记中，季羡林曾写下：“刚才我焚烛读 Hölderlin[荷尔德林]——万籁俱寂，尘念全无，在摇曳的烛光中，一字字读下去，真有白天万没有的乐趣……每天读几页所喜欢读的书，将一天的压迫驱净了。” 季羡林将阅读荷尔德林的著作视为化解疲劳和压迫的解药，这也激发了他对荷尔德林作品的翻译和研究的热情。季羡林在大

① 毛银秀，王京山．青年季羡林清华园读书记——《清华园日记》中季羡林阅读内容分析[J]. 学园，2016（35）：140-142.

学期间翻译了多篇荷尔德林的作品，并将荷尔德林作为他本科毕业论文的选题。荷尔德林身上所散发的德国浪漫派特质吸引了他，也唤起了他心理上对这种精神的向往和渴望。正是对荷尔德林的喜爱，季羡林最终确定了留学德国的志愿。1934年6月13日，毕业前夕的季羡林曾在日记里写道："我今自誓：倘今生不能到德国去，死不瞑目。"这样，由于荷尔德林诗集的牵引，季羡林确立了留学德国的人生目标，最终实现了人生的飞跃。

（二）下笔千言，挥洒文章

为了成名成家，季羡林选择了中国传统文人的道路——以文章立身，通过写作发表文章实现"一举成名天下知"的理想。为此，他努力写作，收获颇丰：据叶新教授统计，季羡林大学期间总计发表文章 27 篇，其中译文 4 篇、书评 10 篇、散文 9 篇，论说文 4 篇。① 这样的成绩为他最终谋得了山东省立济南高中的教职。

季羡林很早就表现出写文章的天赋。他在中学时代就已经写作发表文章，走上学术研究道路后仍然保持了散文写作的习惯，成为学术大家后仍然笔耕不辍。用季羡林自己的话说，"我一生喜好舞笔弄墨，年届耄耋，仍乐此不疲"②。回顾季羡林一生的散文写作成就，此言不虚。在大学时代，季羡林的文章写作，尤其是散文创作步入了丰收的阶段，也逐渐形成了自己的风格。他由此收获了自信，也为未来的人生做了充分的准备。

大学时期的季羡林重拾写作，也有经济独立的考虑。季羡林开始散文写作时，好友李长之对他的帮助较多，二人亦师亦友。李长之激发了季羡林的创作欲望，季羡林很多时候写完一篇文章都会拿给他品评，李长之也总能给予极为中肯的建议。在 1932 年 8 月 23 日晚上，李长之告诉季羡林

---

① 季羡林著，叶新校注．清华园日记：全本校注版 [M]. 上海：东方出版中心，2018:254.

② 季羡林．忆往述怀 [M]. 西安：陕西师范大学出版社 ,2008:163.

写作发表文章的经济重要性，他告诉季羡林：“最好多做点东西卖钱，把经济权抓到自己手里。家庭之所以供给我们上学，也〈不〉过像做买卖似的。我们经济能独立，才可以脱离家庭的压迫。”季羡林对此深以为然。在当时，文章写作发表收到的稿费还是比较高的：

> 《华北日报》稿费到，共二元八角。
>
> 吴宓的稿费发给了——我真想不到，竟能〈有〉十元大洋。
>
> 今天财运亨通。领到山东省津贴五十元，又领到稿费二元二角。
>
> 访毕树棠先生，谈了半天小说。领到了六元稿费。
>
> 接到《文艺月刊》的稿费通知单——七元。

如此丰厚的稿费，不但减轻了家庭的负担，有时甚至大大改善了季羡林的大学生活：“今天我用所得的稿费请客——肥鸭一只。”可以说，对经济独立的追求也是季羡林写作的动机之一。

在《清华园日记》中，季羡林的写作并非文思如泉涌，他常常苦恼自己写作的艰难：

> 脑袋里乱七八糟地满是作文的题目，但是却一篇也写不出。
>
> 在床上，想了一晚上，好歹想起了个头，但也不怎样满意。而今才知道做文章的难。

季羡林的创作经历了一个从写别人的东西到写自己的东西的过程，从翻译到书评，再到散文写作。散文才是季羡林大学里真正意义上的创作。他的散文写作起始于对已逝母亲的思念和忏悔，因此有了《心痛》；还有对童年趣事的回忆，如《兔子》；以及对自然景物的随感而发，如《黄昏》和《枸杞树》，等等。根据《清华园日记》及其他相关文献，《年》《黄昏》

《寂寞》和《枸杞树》是其中比较出色的四篇，也是季羡林对自己当时的作品认可度较高的四篇。[①]

从《清华园日记》来看，季羡林大学时期的主要成就还是写作。通过写作，季羡林不但重拾了自信，充实了自己的大学生活，还为自己的求职打下了基础。1934 年夏天，季羡林即将大学毕业。山东省立济南高中校长宋还吾邀请季羡林到该校担任国文教员。其原因大致是因为季羡林发表过一些文章，被认为是文学家，而文学家都一定能教国文，这就是当时的逻辑。季羡林虽有犹豫，最终还是下定决心，返回母校担任高中的国文教员。一年以后，他离开母校赴德国留学，这也可以说是“无心插柳柳成荫”的收获吧。

就这样，季羡林通过读书写作确立了文人的生活方式，他又有了对未来的憧憬：“现在常浮现到我眼前的幻景是——我在社会上能抢到一只饭碗（不择手段）。我的书斋总得弄得像个样——Easy chairs[安乐椅]，玻璃书橱子，成行的洋书，白天办公，晚上看书或翻译。我的书斋或者就在东屋，一面是叔父的。”至于自己的婚姻呢，他也打算马马虎虎拖延下去了：“婚姻问题，我以前觉得不可以马虎，现在又觉得可以马虎下去了。”《清华园日记》中的季羡林，是当时年轻人奋斗求索的一个样本。他身处逆境，但仍不忘努力奋发。他当时的人生经历、阅读方式、学习方法，对于今天的人们仍然有值得借鉴和思考的地方。

---

① 毛银秀，王京山.《清华园日记》中季羡林的散文创作 [J]. 学园，2016（34）：115-118.

季羡林留学德国的因由

任梦婕 王　琦 王京山

一代国学大师季羡林逝世十余年了。随着季羡林的著作和传记陆续出版，他的传奇生平也越来越为人们所熟知。他出生于偏远的鲁西北农村，到清华园上大学，之后又到德国留学十年。留学德国归来，他从一个普普通通的青年学子逐渐成长为蜚声国际的学界泰斗。留学德国是季羡林一生的转折点，对季羡林的人生发展至关重要。

《清华园日记》是季羡林于清华大学学习期间所写的日记，时间跨度为 1932 年 8 月 22 日至 1934 年 8 月 11 日。《留德十年》是季羡林依据自己的日记写的回忆录，记录了他 1935 年至 1946 年在德国留学的经历。通过阅读《清华园日记》和《留德十年》的相关内容，我们可以发现青年季羡林留学德国的因由。正如季羡林在《清华园日记》所说："我常想，日记是最具体的生命的痕迹的记录。以后看起来，不但可以在里面找到以前的我的真面目，而且也可以发现我之所以成了现在的我的原因。”

一、季羡林留学德国的外部环境因素

季羡林自己也认为，“在我一生六十多年的学术研究的过程中，德国十年是至关重要的关键性十年”。[①] 留学德国对季羡林以后的工作和生活都产生了重大的影响。但季羡林留学的留学之路并不平坦，他能够出国留学是内外多重因素促成的。单就外部因素来看，就需要具备多方面的先决条件，同时受多种因素的制约。

（一）“留学热”弥漫的社会环境

中国首次向欧美国家派出留学生是在清朝末年，到了民国时期，出国留学已成为时代热潮。到季羡林大学毕业时，用他自己的话来说，当时的情况是“一股浓烈的‘留学热’弥漫全国”，当时的大学毕业生很多人都希望能够出国留学。季羡林在《留德十年》中曾写道，当时在德国的留学生中，中国人是相当多的。究其原因，可以归为“镀金”。而到德国留学，“镀的金是 24K 金”，在当时的中国社会声誉卓著，可谓非常抢手。[②]

在这种社会大背景下，季羡林也迎合了“留学热”，且严重程度不下于其他人。若不是自己家庭经济困难、生活拮据，季羡林恐怕一从清华毕业便会出国留学。

事实上，季羡林受“留学热”的影响并非一时半载。通过《清华园日记》我们可以发现，1930 年季羡林报考大学，被清华和北大两所学校同时录取，

---

① 季羡林．季羡林读书与做人 [M]. 北京：国际文化出版公司，2009:63.

② 季羡林．留德十年 [M]. 北京：北京理工大学出版社，2015:42.

经过一番考虑，“为了留洋镀金，我把宝压到了清华上”。于是季羡林进入了清华园学习德文，为他留学德国打下了基础。

（二）清华大学建立交换生制度

季羡林为了出国留学选择就读清华大学西洋文学系，事后证明他的选择是对的。大学毕业的季羡林一心想要出国留学，他早已做好了负笈万里的心理准备，只缺一个留德的契机。

到了 1935 年，机会终于来了：清华大学与德国学术交换处签订了双方交换研究生的合同。虽然合同给出的条件与公费留学相比并非十分理想：双方交换研究生，路费、制装费自己出，食宿费相互付给。中国每月给 30 块大洋，德国 120 马克。这笔钱在德国仅仅能勉强支付食宿费用，与公费一个月 800 马克的待遇差别霄壤。但这对渴望出国留学的季羡林来说，就像是一根救命稻草，非抓住不可。即使当时的季羡林家庭经济较为困难，但留学德国机会不容错过，他还是向朋友借了些钱，靠着“七拼八凑”的资金走上了他的留德之路。①

（三）家人朋友及同事的鼎力支持

季羡林能够留学德国，除了有利的外部环境之外，也与亲朋好友的大力支持密切相关。

季羡林的家庭环境并不温馨，甚至一度成为他的烦恼。1933 年 3 月 3 日，季羡林就曾在日记中满怀悲观苦痛地写下“我的家庭，不甜不蜜也罢，却只是我的负担。物质上，当然了，灵魂上的负担却受不了”。他自小便过继到其叔父家，长期离开母亲让他感觉十分压抑，后来母亲的猝然离世

① 季羡林．留德十年 [M]. 北京：北京理工大学出版社，2015:10-12.

成为他终生难以弥补的遗憾。但是叔父非常重视、支持他的教育。季羡林曾说："叔父当然非常关心我的教育，我是季家唯一传宗接代的人。我上过大概一年的私塾，就进了新式的小学校，济南一师附小……"[①] 可以说，叔父对他的抚养和栽培，并始终支持他接受更好的教育，是季羡林最终走上留德之路的重要前提。

季羡林大学毕业后，任教于他的母校、当时全山东唯一的一所高级中学——山东省立济南高中。但当时校内两个派系斗争异常激烈，可谓水火不容。在这样的工作环境中，季羡林感到"情绪低沉"，他认为自己"必须想法离开这里"。然而，离开这里，该去哪儿呢？季羡林就曾想到："离开这里，至高无上的梦就是出国镀金。"一年后，清华大学与德国交换研究生的机会让深陷困境的季羡林看到了赴德留学的曙光。但是，能否成行还需要叔父一家的支持与帮助，为此他忐忑不安。

出乎意料的是，季羡林将自己出国留学的想法告诉亲人、同事和朋友们后，叔父和家人都对季羡林表示支持，山东省立济南高中的宋还吾校长还热情地提供了资助。正因为大家的鼎力支持，打消了季羡林的顾虑，这才成就了他的留德梦想。

二、季羡林留学德国的主观因素

季羡林能够成功留学德国，除了受到外部环境因素的制约和影响，还有一些季羡林主观方面的原因，这些因素都或多或少对季羡林选择留学德国起过作用。

① 季羡林．我的心是一面镜子 [M]. 北京：华艺出版社，2008:315.

（一）季羡林在校期间学习成绩优异

季羡林在报名去德国做交换生时能够“一报名，立即通过”，其原因是季羡林在清华大学期间主修德文，且德文成绩四年全优。① 由此可见，季羡林能够去德国留学，他优秀的学习成绩功不可没。

如前文所述，报考大学时季羡林同时考上了清华大学和北京大学两所名校，放到现今社会，他就是一名当之无愧的“学霸”。但他并非从小就是一名“学霸”，他多次回忆起自己小学和中学的学习生活，提及在北园高中的学习状况。他说，他从不认真学习到勤奋读书，一个关键就是“虚荣心”。这里所谓的“虚荣心”，便是之后他所提出的“荣誉感”。这种“荣誉感”的持续驱使，使他到了杆石桥高中后，念了一年书，考了两个甲等第一。② 由此，便开启了他的“学霸属性”。可见，真正的“学霸”并非全靠天资，后天的努力也一样重要。

（二）季羡林外语学习勤奋努力

季羡林对外语的学习，为他成功留学德国奠定了坚实的基础。他很早就开始学习英语，中学时期就表现出外语学习的较高天赋，用他自己的话讲：“我在全校学生中英文水平是佼佼者。”

季羡林的外语学习是持续不断、有迹可循的。依据《清华园日记》对他在 1932—1934 年的外语学习情况的统计（具体见表 1），可以看出他是一个主动学习意识非常强的人。除了正常上课完成课业外，他还同时进行着翻译、课外阅读等方式辅助外语学习。

---

① 季羡林 . 留德十年 [M]. 北京：北京理工大学出版社，2015:7-8.

② 季羡林 . 我的心是一面镜子 [M]. 北京：华艺出版社，2008:62-64.

表 1　《清华园日记》中季羡林外语学习词条统计表

日期	词条数 / 条	总计 / 条
1932.8.22—1932.10.28	46	195
1932.10.29—1933.10.31	113	
1933.11.01—1934.11.23	36	

阅读是季羡林学习外语的主要方式之一。他在《清华园日记》中就多次提到，自己广泛涉猎弥尔顿的《失乐园》、福楼拜的《包法利夫人》、歌德的《浮士德》等大量外文书籍，书单数量丰富且内容题材多样。在阅读外文书籍时，他曾写下“德文非加油不行了”“先想到加油德文，又法文，又英文”等类似的话语。通过阅读大量外文书籍，季羡林更加清楚地认识到自己在外文阅读和学习上所遇到的困境。语法知识的欠缺和书籍内容的难以理解，也未成为他放弃阅读外文书籍的理由。这样持之以恒、刻苦努力的学习，保持对知识的渴求和对学术钻研的精神，也为他选择留学德国继续深造，提供了一定的助力。

另一重要的外语学习方式就是写作——包括写论文、文学作品、翻译外文在内。长期大量的阅读也锻炼了他的写作和翻译能力，还培养了他的专注力和学术研究能力，这些日常养成的好习惯也为他日后留学德国奠定了一定的基础。除此之外，他大学期间还开始法文和俄文的学习，时不时去旁听这两门课程，也会阅读一些书籍、进行一些翻译，来提升自己的外语能力。

（三）季羡林对德国诗人荷尔德林的喜爱

季羡林就读清华大学期间，选择了西洋文学系的德语为专攻方向。在学习德语的过程中，他受到教了他三年德文的艾克（Ecke）教授的影响，渐渐地对德国古典浪漫派诗歌的先驱、哲学家诗人荷尔德林产生了浓厚的兴趣，并将他的作品视为抚慰心灵的精神良药。在 1932 年 11 月 22 日的日记中，季羡林曾写下：“刚才我焚烛读荷尔德林——万籁俱寂，尘念全无，在摇曳的烛光中，一字字读下去，真有白天万没有的乐趣……每天读几页所喜欢读的书，将一天的压迫驱净了。”季羡林将阅读荷尔德林的著作视为化解疲劳和压迫的解药，可见他对荷尔德林的喜爱之深，这也激发了他对荷尔德林作品的翻译和研究的热情。

在生活十分拮据的情况下，季羡林不惜花费大量资金，写信委托他人帮忙订购荷尔德林的多部著作。在1933年3月29日的日记中，他这样写道：“我想跳，我想跑，我不知所措了。我不敢相信，我顶喜欢的诗人，而且又是绝了版的，竟能买得到，我不知所以了。”不仅如此，季羡林还翻译了多篇荷尔德林的作品，并决定将荷尔德林作为他本科毕业论文的选题内容。在此期间，他先后发表了《现代才被发见了的天才——德意志诗人薛德林》和《近代德国诗人薛德林早期诗的研究》，对荷尔德林的研究也取得了一定的成果。①

对季羡林来说，荷尔德林身上所散发的德国浪漫派特质吸引了他，也唤起了他心理上对这种精神的向往和渴望。正是对荷尔德林的喜爱，使他最终确定了留学德国的志愿。1934年6月13日，毕业前夕的季羡林曾在日记里写道：“最近我一心想到德国，现在去当然不可能。我想作几年事积几千块钱，非去一趟住三四年不成，我今自誓：倘今生不能到德国去，死不瞑目。”

以上我们依据《清华园日记》和《留德十年》两部作品，从外部环境因素和主观因素两方面入手，探寻了季羡林留学德国的因由。正是这些因由促使季羡林成功留学德国，最终成就了一代国学大师。对于今天的大学生来说，季羡林先生当时的一些人生经历、阅读方式、学习方法，仍然值得借鉴和思考。

① 叶新，陈勤．季羡林的荷尔德林早期译介研究[J]．出版科学，2017,25(02):112-116.

季羡林清华大学毕业照

创作和学术启蒙 ▶

P. 1

The Early Poems of Hölderlin.

I Preface.
II His early life.
III His early poems.
IV Conclusion.

I Preface.
Poet as Prophet.

"When you dream, you are God; when you think, you are beggar," said Hölderlin. Dream, the visionary dream, what is the value of it? Perhaps some one will doubt that Hölderlin himself is dreaming when he says such dream-words. I agree with this assertion. Hölderlin is really a dreamer, as well as other great poets. But we must conceive a clear conception about the real meaning and significance of dream as different from those commonplace ones.

First of all, let us consider for a while the fundamental problem in literary creation. The life-force prevails everywhere at any time. We all have a share of it within ourselves. Literature is the expression of this force with absolute freedom. All the social actions are confined by common sense, material, rules, tradition and form. Only literature expresses the current of life from time immemorial till now. In literature we may have the freedom of which we are deprived in all other actions. We can have even the so-called "spiritual adventure." There is always a new

季羡林毕业论文原稿

季羡林大学时代的编译写作

叶　新

《清华园日记》是季羡林先生在清华大学西洋文学系上大三、大四的日记，时间跨度是1932年8月22日到1934年8月11日。翻开这本《清华园日记》，我们看到的是一个“私密”而“另类”的男生季羡林：看不上老师（比如骂老师“混蛋”等）和看不起同学（比如骂同学“太神经质”“劣根性大发”“没人味”等），观女篮比赛就是为了“看大腿”，玩骨牌赌博，上课经常刷课，大部分考试靠“抄”，“妈的”“管他娘”等脏话也不绝于耳……不由得让我们想起我们同样“不那么纯洁”的大学时代。如果不是这本季羡林要求一定要原样传播的“日记”，传主或者其他相关人等会有意识地去过滤掉某些所谓“低俗”的东西，好汉只提当年勇，只字不提当年怂，我们就看不到一个“真实”的季羡林。而这本日记也可以让我们回忆起自己真实但又逐渐忘却（不管是有意识还是无意识的）的大学生活。

但话要说回来，从这本《清华园日记》，我们还看到一个“爱拼才会赢”的男生季羡林——一个孜孜于编译和创作、成就不小的西洋文学系德文专业的学生。

写作是季羡林大学生涯的一件大事。关于文章的酝酿、写作、誊写、投稿、刊登、领稿费、退稿等事情，季羡林在这本日记中记录得颇为详细。

季羡林当初创作的动机在于“经济独立”。大学好友李长之有着与他相似的家庭境遇，1932 年 8 月 23 日曾对他说：“最好多做点东西卖钱，把经济权抓到自己手里。家庭之所以供给我们上学，也不过像做买卖似的。我们经济能独立，才可以脱离家庭的压迫。”从此季羡林走上了创作的道路，并受到诸多师友的鼓励。老师之中，最大的受益来自吴宓和叶公超，虽然他经常“腹诽”他俩的学问、教学甚至品行；学生之中，他的创作受李长之的激励和帮助是比较多的。与季羡林的“草根”家庭不同，李长之出身于书香门第，12 岁就开始在报刊上发表新诗和散文，在北大学习期间就为《益世报》编辑《前夜》副刊。1933 年 2 月 20 日，李长之刚刚就任《清华周刊》文艺栏主编，就向好友约稿。第二天，季羡林投了一篇译文《代替一篇春歌》，3 月 15 日刊登，这是他第一次在《清华周刊》上发表文章。

细究起来，季羡林的创作形式主要有三类：编译、书评、散文。前期（第三学年）以编译和书评为主，主要还是受吴宓的影响；后期（第四学年）主要是从事散文创作，收获了来自叶公超和李长之等人的“甜蜜”和“痛苦”。当然，前期和后期只是大致的分期，后期也作编译，前期也在写作，没有截然的分段。

季羡林 1930 年进了清华大学西洋文学系之后，主修德文，但是大部分时间还是以英语学习为主，因此英文水平要远远高于德文和法文。出于课程学习的需要和引发，他就起了编译外国报刊文章的念头。

季羡林1932年9月28日在《华北日报》“副叶”刊登的《〈守财奴自传〉序》是他较早发表的一篇译文。从8月27日算起，这篇文章从编译、修改、誊写到最终发表经过了一个月的时间。这期间，季羡林的心情是复杂的，患得患失的。比如，他在9月9日的日记中写道：“我老早就想到阅报室里去，因为我老希望早些看到我的文章登出来，每天带着一颗渴望的心，到阅报室去看自己的文章登出来没有，在一方面说，虽然也是乐趣，但是也真是一种负担呵。”经常去阅报室，但文章迟迟不登，他还在9月11日的日记里来了一句“国骂”——“我冒雨到图书馆去看报，我的稿子还没登出，妈的。”文章刊登之后，又过了不到一个月，才领到了稿费——二元八角，他立刻庆祝自己的写作生意开张，“用所得的稿费请客——肥鸭一只”。

与约稿相比，自投稿的命运总是不那么确定。因此，借《〈守财奴自传〉序》小试身手之后，季羡林就应他的老师吴宓之邀，为后者主编的《大公报》提供外国文坛消息和书评。1932年8月30日，他听同学王岷源说，吴宓“有找我们帮他办《大公报·文学副刊》（以下简称《文副》）的意思，我冲动地很想试一试”。这个副刊“没有稿子，因为这刊物偏重Theory和叙述方面，不大喜欢创造”。季羡林从当天早上赶到下午六点半，编译了一篇有关歌德百年祭的文章，9月4日作为敲门砖“拍”向了吴宓先生。吴宓让他浏览《伦敦泰晤士报·文学副刊》，此外还有《星期六文学评论》《美国信使》等，专作文坛消息。

在此后的两三个月里，季羡林编译了不少外国文坛消息，比如《浮士德》（*Faust*）的新英译本、著名作家U.辛克莱尔（U.Sinclair）的新作《美国前哨》（*American Outpost*）、T.S.艾略特（T.S.Eliot）赴美就任哈佛诗学教授、赛珍珠（Pearl Buck）的新小说《儿子们》（*Sons*）的书评，等等。对这些文章的性质，季羡林自己的看法是“与其说是作，不如说是译”。

除了这些文坛消息，国内书评的稿子吴宓的《文副》也是要的。季羡林还写了巴金的《家》、臧克家诗集《烙印》、老舍的《离婚》等书的书评，也引起了一些作者的反响。比如 1933 年 9 月，吴宓把著名青年诗人，当时还在青岛的山东大学学生臧克家赠的诗集转送给季羡林，这部诗集描述了农村的破败景象，年轻气盛、不知臧克家为何许人的他就写了一篇关于其中一首诗《洋车夫》的批评文章。1933 年 11 月 14 日，在李长之的宿舍，季羡林看到了臧克家给李长之的信，“信里说羡林先生不论何人，他叫我往前走一步”，引起了季羡林的反感和斗志，又写了《再评〈烙印〉》，不顾李广田等的反对，登在《诗与批评》上。但这并不妨碍季羡林和臧克家后来成为一生的好朋友。季羡林一直给《文副》投稿，直到《文副》1934 年 1 月 1 日被迫停刊。虽然季羡林在日记里对吴宓不是很恭敬，吴宓在稿费方面对他还是不薄的。季羡林一直也承认吴宓是“西洋文学系中最有学问的教授”。

当然，除了《文副》，信心不断增强、敢于接受挑战的季羡林也开始应约为别的杂志写稿。1932 年 11 月 12 日，季羡林在报上看到约翰·高尔斯华绥（John Galsworthy）获得诺贝尔文学奖的消息，并不以为然，认为他“究竟是过去的人物了”。没想到过了十几天，瞿冰森托曹葆华作一篇关于 Galsworthy 的文章，曹葆华不愿意写，转托王岷源，王岷源又转托季羡林。还在跟荷尔德林死磕的季羡林不得不放下手头的工作，接手这个“急活”。不过他还真是认真负责，同年 11 月 25 日的日记“作这篇 Galsworthy[高尔斯华绥]，直费了我五整天的功夫，参考书十数本，五天之内读千数页的书，而且又读好几遍，又得写，这还是以往没有的记录”可见一斑。12 月 15 日，《北平晨报》的《北晨学园》终于刊登出了他的“高斯华绥”，他在日记里大发感慨：“真没想到能这样快，虽然已经不算快了，这是我第一次在《北晨学园》发表东西，颇有点飘飘然呢。”更让他开心的是，北晨报社还给了他 10 元稿费。

这篇文章的成功给了季羡林很大的激励，他在 1932 年 11 月 29 日的日记中写道："最近作了这篇 Galsworthy[高尔斯华绥] 以后，本来懒于动笔的我，现在却老是跃跃欲试了。我计划写一篇 Hölderlin[荷尔德林] 介绍和一篇'新诗的形式问题'。后一篇我是想发起点波澜的。"而努力的结果之一就是《现代才被发见了的天才——德意志诗人薛德林》。在一年多的编译过程中，季羡林终于找到了大学生涯的最爱——荷尔德林。最终，在德文教授石坦安的指导下，他用英文完成了毕业论文《近代德国大诗人薛德林早期诗的研究》（*The Early Poems of Hölderlin*，季羡林改成中文，发表在 1934 年 8 月《文学评论》第 1 卷第 2 期），成为荷尔德林在中国不多的早期研究者之一。一年以后，他实现了在日记中写下的夙愿——去德国留学。

（原载《现代阅读·教育与出版》2014 年第 8 期）

季羡林与荷尔德林的早期译介研究

——兼对其本科毕业论文的考证

叶　新

季羡林先生是德国著名诗人荷尔德林（Johann Christian Friedrich Hölderlin，1770—1843）的早期译介者之一，他译之为“薛德林”。在《季羡林文集》（江西教育出版社 1996 版）第十三卷收入了两篇相关文章，一篇是《近代德国大诗人薛德林早期诗的研究》，文后有季羡林写于 1934 年 8 月 4 日的“后记”；另一篇是《现代才被发见了的天才——德意志诗人薛德林》，文后标明写作日期是 1934 年。在后者的“跋”中，季羡林先生开头就提到“这是我 61 年前清华大学的学士论文，原名 *The Early Poems of Hölderlin*，是用英文写成的”。2009 年，外语教学与研究出版社再版了《季羡林文集》，这两篇文章收入第七卷《杂文及其他一》，内容基本不变。

既然季羡林本人作如是说，那么《现代才被发见了的天才——德意志诗人薛德林》应该就是从季羡林的本科毕业论文翻译而来。但是，从题目来看，《近代德国大诗人薛德林早期诗的研究》的内容则与 *The Early Poems of Hölderlin* 更为类似，其“后记”中还提到“我曾在《清华周刊》上写过一篇关于他的文章，对他的生平、他的天才被发现的经过、他的诗都粗略地谈了谈”，与前者的题目和内容极其相似。

笔者由此产生一些疑问，季羡林先生的相关回忆是否存在错误，他的本科毕业论文指导老师是谁？毕业论文到底是哪一篇，他发表了哪些关于荷尔德林的译介文章？在此，笔者试图就季羡林本人的多处回忆、《清华园日记》等相关史料考证之。

一、本科毕业论文指导老师的考证

季羡林先生乃长寿之人，晚年写了不少回忆文章，98 岁高龄还专门做了《大国学：季羡林口述史》。在这些著述中，有多处关于自己大学生活及写作生涯的回忆。而在这些回忆中，关于他的毕业论文指导老师的说法各异，总结起来有三种。

（一）第一种说法：艾克教授。

1. 季羡林先生在“清华大学西洋文学系”一文中回忆说：

> 下面介绍两位德国教授，第一位是石坦安，讲授第三年德语。不知道他的专长何在，只是教书非常认真，颇得学生的喜爱。此外我对他便一无所知了。第二位是艾克，字锷风。他算是我的业师，他教我第四年德文，并指导我的学士论文……我在上面提到过，我的学士论

文是在艾锷风老师指导下写成的，是用英文写的，题目是 *The Early Poems of Hölderlin*。英文原稿已经遗失，只保留下来了一份中文译文。一看这题目，就能知道是受到了艾先生的影响。

2. 他在“我和外国文学的不解之缘”一文中回忆说：

> 我是德文专门化的学生，从大一德文，一直念到大四德文，最后写论文还是用英文，题目是“*The Early Poems of Hölderlin*”，指导教师是艾克。内容已经记不清楚，大概水平是不高的。

3. 他于 1997 年接受巫新华博士的采访，在“水木清华”中回忆说：

> 我的学士论文是 *The Early Poems of Hölderlin*，教授是 Ecke（艾克）。

4. 他在《清华园日记》的“我的老师们”中说：

> 艾克（Ecke），德国人，讲授“第二年德文”“第四年德文”。他在德国大学中学的大概是“艺术史”。研究明清家具，著有《中国宝塔》一书，他指导我写学士论文 *The Early Poems of Hölderlin*。

从这四处记述我们可以得知，他的毕业论文指导老师是艾克教授。艾克还讲授“第二年德文”“第四年德文”两门课程，而石坦安教授只是讲授“第三年德文”。但季羡林的回忆有误，从《清华园日记》来看，艾克讲授的是“第三年德文”课程。

（二）第二种说法：先是艾克，后是石坦安。

他在“德文教师艾克”一文中回忆说：

开始艾克是（我的）学士论文的指导教师，后来艾克工作满五年离开岗位（带工资休假），到英国去了。谁来代替他呢？就是石坦安。这个石坦安呢，作风跟艾克不一样。

艾克喜欢Hölderlin（荷尔德林），所以我的论文就是用英文写的，*The Early Poems of Hölderlin*,《荷尔德林的早期诗歌》，为什么是“早期”呢，那时候我的德文也不行，“早期”啊，就是把他年轻时候的诗啊，勉勉强强看上几遍。看荷尔德林的早期诗歌，是看德文版的，写论文是用英文写。德文的东西看行。

从这里可以看出，季羡林的毕业论文指导老师先是艾克教授，因为艾克工作满五年休学术假，去了英国。因此石坦安教授接替他继续指导季羡林的毕业论文。

（三）第三种说法：石坦安。

2009年2月21日，季羡林先生在接受蔡德贵采访时口述说：

蔡德贵：你是艾克最好的学生了，毕业论文也是他指导的。

季羡林：毕业论文不是他了，是石坦安。因为那个艾克到哪里去了？

蔡德贵：可是您日记里提到的是艾克啊。

季羡林：最初名字是艾克，后来他不在，不知道他到哪里去了，是石坦安指导的。

蔡德贵：您的毕业论文“薛德林”是受艾克影响的。

季羡林：“薛德林”是艾克的，他喜欢“薛德林”。不知道他哪去了，后来他反正不在。

蔡德贵：那是不是济南以后就走了，换石坦安了。

季羡林：嗯。

在这里我们可以看到，季羡林说他的毕业论文指导老师是石坦安教授，不是艾克教授。但他承认，将“薛德林”作为毕业论文主题，是受了艾克的影响。

从这六处不同的回忆中，我们可得出的肯定的结论是：季羡林的毕业论文题目是“*The Early Poems of Hölderlin*”，用英文写成。

关于毕业论文的指导老师，这三种说法各异，那么哪一种才是真实的呢？我们来看看季羡林先生在《清华园日记》中的记述。《清华园日记》是他在清华大学西洋文学系大三、大四时期的日记，时间跨度从 1932 年 8 月 22 日至 1934 年 8 月 11 日。关于《清华园日记》的真实性，季羡林在 2002 年将日记交付出版时说，他希望“把原文照相影印，错别字无法改，漏掉的字无法填”，“目的是向读者献上一份真诚”。因此，其日记的可信度是毋庸置疑的，当时记述的可靠性远高于后来的诸多回忆。

从《清华园日记》的记述来看，关于艾克最早的记载出现在 1932 年 9 月 12 日：“我还想旁听 Ecke[艾克] 的 Greek[希腊文] 和杨丙辰的 *Faust*[《浮士德》]。”Ecke 的全名是古斯塔夫·艾克（Gustave Ecke），1928 年至 1933 年任清华大学德语教授，其中提到“作者学士论文 *The Early Poems of Hölderlin* 指导老师”。

9 月 14 日是清华大学的开学典礼，午饭后就上课，但是这天的日记记载说“上德文而艾克不至”。艾克是“第三年德文”的任课教师，但是没来上课。第二天去旁听艾克的“希腊语”，又没来。直到 9 月 20 日，艾克才来上课，见当日的日记记载“德文艾克来了，决定用 Keller[凯勒] 的 *Romeo und Julia auf dem Dorfe*[《现代英美代表诗人选》]”，“第三年德文”的课程教材选用的是瑞士德语作家戈特弗里德·凯勒的《乡村的罗密欧与朱丽叶》。

《清华园日记》关于艾克离开清华休学术年假之事，见 1933 年 8 月 23 日的日记：

今天我同田德望合请艾克，地点是西北院，菜是东记作的，还不坏。吃完了后，又同到合作社去喝柠檬水，同到注册部去解决三年德文考试问题。他大概这是最后一次来清华了。他预备下星期出国。

艾克与季羡林一起去清华大学注册部交上“第三年德文”的课程成绩单后，就离开了，因为下周就要出国。随后虽然还有关于艾克的记载，但再提到两人见面的记述则是1934年8月1日的日记：“在艾克处吃了饭，谈了半天，他送我一张Apollo[阿波罗]的相片，非常高兴。”这是艾克休假完毕回来的事情了。

而从1932年9月20日到1933年8月23日的日记中，却没有任何一条关于艾克指导季羡林毕业论文的记载。因此关于上述第一、第二种说法均有误，艾克从未指导过季羡林的毕业论文。

直到1933年10月25日的日记记载中才出现关于毕业论文的记载：

过午上German Lyric[德国抒情诗]，我已经决定了我的毕业论文题目——“*The Early Poems of Hölderlin*”，Steinen[石坦安]也赞成，他答应下次给我带参考书。

艾克走了以后，石坦安教授成了季羡林唯一的德语教授。而正是在石坦安的“德国抒情诗”（German Lyric）课上，季羡林定下了毕业论文的题目——*The Early Poems of Hölderlin*。因此，上述第三种说法才是正确的。

二、关于荷尔德林的毕业论文写作及其发表

（一）毕业论文的写作

季羡林将荷尔德林早期的诗作为毕业论文主题，最早的构思是在1933年9月17日，这天的日记写道：

> 读Hölderlin[荷尔德林]的诗，我想从头读起，每天不要贪多，但必了解，我想写一篇《薛德林早期的诗》。

从日记内容可以看出，《薛德林早期的诗》和最终写成的毕业论文*The Early Poems of Hölderlin*是基本对应的，但他并没有标明这是他要写的毕业论文题目。

从此以后，他继续研读和试译荷尔德林的诗作。比如9月19日的日记写道："仍然读Hölderlin[荷尔德林]的诗，有一首*An einen Heide geschrieben*[《致异教徒》]曲调回还往复，觉得很好。"9月21日的日记写道："仍然读Hölderlin[荷尔德林]的诗，单字觉得似乎少一点，几天的加油也究竟有了效果。"9月24日的日记写道："晚上读Hölderlin[荷尔德林]，渐渐觉得有趣了。"虽然他的德文基础还不够好，但是坚持不懈的研读也收到了一定的效果。

但是新学期的新课程又挤压了他的时间，季羡林在9月27日的日记中写道："功课渐渐堆上来，于是头两天那种悠然读着关于Hölderlin[荷尔德林]的诗的文章，或Hölderlin[荷尔德林]的诗的心情，已经跑得无影无踪了，所以不得不把一天的时间分配一下——每晨读Hölderlin[荷尔德林]诗一小时。"

随后，季羡林因生母去世，回家奔丧，几乎一个月未记日记，因此他

是否还在继续研读荷尔德林的诗作不得而知。而从10月25日的日记来看，他定下了毕业论文的题目——*The Early Poems of Hölderlin*，指导老师就是石坦安教授。

石坦安，全名Diether von den Steinen（狄特尔·冯·石坦安，1902—？），德国人，德国柏林大学哲学博士，1929年9月到清华大学任教，讲授拉丁文等课程。

石坦安教授不仅肯定了季羡林的选择，而且给予必要的帮助，比如借参考书、答疑解惑等。比如11月1日的日记写道：

> 下午上German Lyric[德国抒情诗]的时候，Steinen[石坦安]给我指定了几本参考书，关于作Hölderlin[荷尔德林]的论文的。他并且借给我了一本Max Kommerell[马克斯·科莫雷尔]的*Der Dichter als Führer*[《作为德国古典主义领军人物的诗人》]，其中有讲到Hölderlin[荷尔德林]的一节，据他说是论到Hölderlin[荷尔德林]的顶好的文章。

而11月8日的日记则说："过午上德国抒情诗，问了Steinen[石坦安]几个关于Hölderlin[荷尔德林]的诗的问题，解答颇为满意。"11月15日的日记又说："过午上German Lyric[德国抒情诗]，问了Steinen[石坦安]几个关于Hölderlin[荷尔德林]的诗的问题。"

在指导季羡林写毕业论文这件事情上，石坦安教授还是比较认真负责的，乐于解答他提的任何问题，也有指导他写论文的学术能力。

但从1933年10月25日定题到1934年1月的这段时间，他一直没有动手写作。一方面是课程的压力，另一方面当然是荷尔德林的诗并不那么好懂。比如，1934年1月27日的日记写道："想到毕业论文就头痛。Hölderlin[荷尔德林]的诗，我真喜欢，但大部分都看不懂，将来如何下笔作文？”而1月31日的日记又说：“的确有许多事情等我做，譬如论文，就是其一。但终日总仿佛游魂似的，东晃西晃，踏不下心读书。”从此可以看出，毕业论文的写作成了他的一个心病。

直到1934年3月5日，他才正式动笔写作，到3月27日写完，花了约三周时间。他在3月5日的日记中写道：

> 开始作论文，真是“论”无可“论”。
>
> 晚上又作了一晚上，作了一半。听别人说，毕业论文最少要作二十页。说实话，我真写不了二十页，但又不能不勉为其难，只好硬着头皮干了。

二十页也就七八千字的篇幅，但对他是不小的难度。到3月21日，石坦安开始催交他的毕业论文，这一天的日记说：“Steinen[石坦安]要毕业论文，又须赶作交上，这种应制式的论文实在没有什么价值。我们大半对自己所选的题目没有什么话说。”这是季羡林自己选的题目，荷尔德林也是他喜欢的诗人，但要以此做毕业论文，就没法以乐趣来决定取舍了。

经过几天的奋战，连写带抄，毕业论文终于完工。季羡林在3月27日的日记中说：“论文终于抄完了。东拼西凑，七抄八抄，这就算是毕业论文。论文虽然当之有愧，毕业却真的毕业了。”

据季羡林的自述，该论文并不是用德文写成，而用的是英文，同时有中文本。季羡林先生在《清华大学西洋文学系》一文中回忆说：“英文原稿已经遗失，只保留下来了一份中文译文。”因为没法比对中文译文，因此不知道发表了的文章是毕业论文的全部还是部分。篇名虽然带有“研究”，但总体上感觉是单薄，按版面字数算，也就五千字字不到，其中的许多诗作还不满行。而《现代才被发见了的天才——德意志诗人薛德林》总计有一万两千字之多，从写法和篇幅上看，倒更像是论文格式，被后人误为毕业论文也在情理之中。

这篇文章的一些内容也被后来的毕业论文所吸收，比如：

> 1796年的夏，在他写给他的朋友瑙于弗的一封信上，他说："我现在是在一个新的世界里，在另一方面，我可以相信，我知道美与善是什么。但是，我既然看到它们了，我只好对一切我的知觉发笑。亲爱的朋友！在世界上，真的有一个'生物'（Wesen），我的精神可以寄托在那里，多长时间也行。当面对着自然的时候，我又感觉到我们的思想和理解是真的幼稚呢。爱与崇高，柔静与生力，精神与感觉与外形，混合成了一个整一的人格，在这个'生物'里。"

而《近代德国大诗人薛德林早期诗的研究》的类似内容如下：

> 他写给一个朋友的信说："我现在是在一个新的世界里了，在世界上真的有这样一个生物，爱与崇高，贞静与生命，精神、灵魂与一切完美的外形都在这生物身上化成了一个整个的浑一。"

从引用的这两段话来看，后者是在前者基础上的删减和改译。而从论文内容看，以前平时积累的一些译文也用上了，比如《命运歌》等。1933年11月9日的日记提到他应好友林庚的要求，重译了《命运歌》。从篇幅上看，《命运歌》的翻译及对命运的论述还不少。

为了文凭而写作，季羡林也是心中有愧，但结果确是出乎意料。他自认为并不认真的毕业论文写作，最后得了个"优"。该论文并不是严格意义上的学术性写作，而是加上了他的"幻想力"。不过，他认为这是他学术研究生涯的"发轫"。

大学期间，季羡林有不少课程的成绩并不是"优"，比如1934年2月

8日的日记记载，吴宓的“中西诗文比较”课程，季羡林只得了“I”，分数较低，他十分生气。

但是季羡林这一级的德文专门化的学生较少，也就一两个人而已，并不看重德文类课程以外的成绩。因此，包括毕业论文在内全部德文课程的“优”，使得他有幸得到了1935年去德国留学的机会。但是荷尔德林却不再是他的最爱了。翻遍六卷本《季羡林日记：留德岁月》（江西人民出版社2014年版），只发现1943年6月8日有如下的记述：

今天有 Hölderlin feier[荷尔德林的庆祝活动]，原来自己看错了时间，晚上才举行。回家看了会报，吃过晚饭，又出发到 Aula[行政中心]去参 Hölderlin[荷尔德林]纪念会，大礼堂里挤了一个满，大概有二千人。先奏 Beethoven[贝多芬]的音乐，接着 Prof. Pongs[彭斯教授]演讲，Intendant Friedrich[总监弗雷德里克]念 Hölderlin[荷尔德林]诗，又奏 Beethoven[贝多芬]的音乐，散会，已经十点了，外面下着雨，回到家来就睡。

（二）毕业论文的发表

1996年，江西教育出版社首次出版了《季羡林文集》；2009年，外语教学与研究出版社修订再版了该文集。其中前者的第十三卷和后者的第七卷都收入了两篇与荷尔德林相关的文章，一篇是《近代德国大诗人薛德林早期诗的研究》；另一篇是《现代才被发见了的天才——德意志诗人薛德林》。但到底哪一篇才是发表了的毕业论文呢？

《现代才被发见了的天才——德意志诗人薛德林》一文的文后标明写作日期是1934年。在文后的“跋”（写于1995年1月7日）中，季羡林先生开头就提到“这是我61年前清华大学的学士论文，原名 *The Early Poems of Hölderlin*，是用英文写成的。因为我的导师（Gustav von Ecke，字锷风）教授是德国人，不通华文”。

如果季羡林此说不误，那么该文是从他 1934 年写就的毕业论文 *The Early Poems of Hölderlin* 翻译而来，但是两者的篇名比对起来相差很大。要从篇名来看，《近代德国大诗人薛德林早期诗的研究》的内容则与 *The Early Poems of Hölderlin* 更为类似，其“后记”中还提到“我曾在《清华周刊》上写过一篇关于他的文章，对他的生平、他的天才被发现的经过、他的诗都粗略地谈了谈”，与前者的题目和内容倒极其相似。

那么这两篇文章是否相互搞错了，《近代德国大诗人薛德林早期诗的研究》是从毕业论文而来，而《现代才被发见了的天才——德意志诗人薛德林》则发表于《清华周刊》。但这又是季羡林先生偕其助手李铮亲自编选，并由该文集编委会审定的文集，怎么才能确定这是作者的一个错误呢？那只能从它们当初的发表情况入手了。

经查，《现代才被发见了的天才——德意志诗人薛德林》发表于《清华周刊》1933 年（第 39 卷）的第 5、6 合期上，而不是所谓的“1934 年”，不可能来源于他的毕业论文，季羡林 1995 年 1 月 7 日写的“跋”有误。《近代德国大诗人薛德林早期诗的研究》发表于《文学评论》1934 年第 2 期，发行日期是 1934 年 10 月，与笔者在上文的推断吻合。

“跋”中这个不该有的错误导致的结果是：不少有关文章还有季羡林的传记都认为季羡林的毕业论文指导老师是艾克教授，《现代才被发见了的天才——德意志诗人薛德林》是从他的毕业论文翻译而来。比如蔡德贵的《季羡林传》（北京大学出版社 2006 年版）、吴晓樵的文章《荷尔德林的早期知音》（中华读书报 2006 年 10 月 11 日）、叶隽的论文《现代中国的荷尔德林接受》（中国比较文学 2011 年第 2 期）都采信了“跋”的说法。

《文学评论》是李长之联合其老师杨丙辰教授主编的一份杂志，其资金来源是他翻译《近五十年来德国的学术》一书中《英国语言学》一文的

200 元稿费。原来商定是月刊，由大学出版社出版。但后来改成立达书局出版、大成印刷社印刷，实出为双月刊。1934 年 8 月 1 日出了第一期，10 月 1 日出了第二期就停刊了。作为该杂志的主编，李长之既编，又写，还译，而好友吴组缃、林庚、张露薇、张天麟，老师杨丙辰教授、郑振铎教授也帮忙不少。

作为李长之的好友，季羡林对《文学评论》的贡献甚大。他为该杂志的第一期写了《寂寞》一文，为第二期贡献了两篇文章，除了《近代德国大诗人薛德林早期诗的研究》，还有一篇《救救小品文》。

在论文的一开头，季羡林就把薛德林与歌德相比，认为在“在整个德国文学史上，只有两个诗人够得上称为伟大的：一个是几乎每个人都知道的歌德；一个是几乎没有人知道的薛德林（Hölderlin）。”“在精神上，薛德林也正补了歌德的缺陷。歌德只代表了德国文化的一半，倘若没有薛德林，这一半将终归成了一半，但却出了薛德林，他们俩合起来把德国文化完成了。”在“后记”中，他意犹未尽，还说荷尔德林“他的彗星似的光芒立刻照澈人们的心，同歌德争德国最高文学的宝座。我们敢断言：将来的世界一定是薛德林的。”出于发现荷尔德林的狂喜，无限抬高他的文学地位、推动他在中国的译介成了季羡林的崇高使命。

尤其值得一提的是，除了《文学评论》杂志，雄心勃勃的李长之还办了文学评论社，意图出版文学评论等方面的书籍。在第二期的《文学评论社出版丛书预告》中，他提到了“理论之部”（5 本）、“文学史及评传之部”（3 本）、“创作之部”（5 本）、“名著翻译之部”（8 本）四个系列 21 本书，其著译者与《文学评论》的作者群体高度重合。季羡林一人就有 3 本，创作的一本即《因梦集》（散文集），翻译的两本，除了尼采的《查拉图斯特拉如是说》，还有荷尔德林的《奚陂里雍》，其介绍语如下：

这是德国近代伟大抒情诗人薛德林早年作的一部最热情的小说，由专研究薛德林的学者译出，可为一件最痛快的事。

“《奚陂里雍》”今天一般译为“《许佩里翁》”。在李长之的介绍中，季羡林俨然成了“专研究薛德林的学者”，不免夸大。当然翻译 Hyperion，也是他一直的追求。1933 年 7 月 9 日的日记如下：

仿佛记得读 Hölderlin［荷尔德林］的 *Hyperion*［《许佩里翁》］，就在这两天的一天开始的，而且还决心译它一下。

1933 年 8 月 31 日的日记如下：

我又想到自己的工作，下年一定最少要翻译两部书，一是 Hölderlin［荷尔德林］的 *Hyperion*［《许佩里翁》］，一是 Thomas Mann［托马斯·曼］的 *Der Tod in Venedig*［《威尼斯之死》］。

1934 年 6 月 13 日的日记如下：

我想今年暑假把 Hölderlin［荷尔德林］的 *Hyperion*［《许佩里翁》］这样一字字地细读一下。

特别是 1933 年 8 月 31 日的日记与上述的《文学评论社出版丛书预告》有内在的联系，但包括 *Hyperion* 在内的三本书随后并没有出版。季羡林 1934 年夏天从清华大学毕业后，应聘山东省立济南高级中学讲授国文等，教学压力颇大，无法分心；另外离开北平浓厚的创作氛围，没有李长之等好友的就近激励，季羡林靠写作出人头地的想法也就淡了些，更别说 1935 年繁琐的出国事宜给他带来的烦恼了。

从以上可以看出，既然在荷尔德林的译介上有这么好的开端，如果机缘巧合，季羡林会有更多的译介文章和译作问世，那么同学称之为“薛德林专家”就名副其实了。

三、季羡林与荷尔德林在中国的译介

说到季羡林译介荷尔德林的开端，首先要从他对荷尔德林的兴趣讲起。1932 年 8 月 25 日的日记记载“又读 Hölderlin[荷尔德林] 的 *Ein Wort über die Iliad*[关于《伊利亚特的几句话》]”，第一次提到了荷尔德林及其作品《关于〈伊利亚特〉的几句话》。11 月 9 日的日记则说“今天晚上写信到日本买 Hölderlin 的 Life[荷尔德林生平]”，应该这是关于荷尔德林的一本传记，委托日本的丸善书店购买，11 月 9 日丸善回信说书没有了。而他在 11 月 14 日的日记中说，在德国作家中，他喜欢荷尔德林这样的唯美派诗人。

11 月 22 日的日记则提到了焚烛夜读“Hölderlin’s Leben[《荷尔德林的生平》]”的感受：

> 刚才我焚烛读 Hölderlin[荷尔德林]——万籁俱寂，尘念全无，在摇曳的烛光中，一字字细读下去，真有白天万没有的乐趣。这还是第一次亲切地感到。以后我预备作的 Hölderlin[荷尔德林] 就打算全部在烛光里完成。每天在这时候读几页所喜欢读的书，将一天压迫全驱净了，然后再躺下大睡，这也是生平快事罢。

对他来说，阅读荷尔德林的作品是一大生平快事，创作也随之提上了日程。12 月 26 日的日记记载：

上德文时同Ecke[艾克]谈到明年是Hölderlin[荷尔德林]的死后九十年纪念，我希望他能写点东西，我替他译成中文。他说，他不敢写Holderlin[荷尔德林]，因为Hölderlin[荷尔德林]是这样的崇高，他写也写不出，他介绍给我Stefan George[斯特凡·格奥尔格]的东西，说Stein[石坦安]那儿有。

1933年是荷尔德林逝世九十周年，原本季羡林想让艾克教授写一篇荷尔德林纪念文章，他来译成中文发表，但是艾克对荷尔德林“仰之弥高”，不敢动手。因此，季羡林决定自己来写。艾克还说石坦安教授有德国诗人格奥尔格的《日与事》（*Tage and Taten*）这本书，对他写作有帮助，因此1933年2月23日的日记记载：

今天借到Steinen[石坦安]的*Tage and Taten*[《日与事》]，因为里面有篇文章讲到Hölderlin[荷尔德林]。Steinen[石坦安]说这篇文章非常难懂。

借回来后就抄，因为他急着要还回去。

而《现代才被发见了的天才——德意志诗人薛德林》提到了格奥尔格和他的《日与事》：

在他的一本论文集《日与事》（*Tage and Taten*）里面特别有一栏叫作“赞辞”（Lobreden），在这里面，他有一篇短文——短，真的，短得有点儿可怜了，然而比洋洋数千言的大文章，并没少说了什么。

格奥尔格的这篇短文加强了他对荷尔德林其人其作的理解。除此之外，他还从图书馆借了几本德国文学史以及其他一些著作。3月18日日记中“还想作我对于Hölderlin[荷尔德林]的认识”的记载，实际上和文章中第三部分的标题“我对他的认识”是十分对应的。

当然，写作这样一篇文章并不是容易的事情，见3月28日日记的记载：

> 明天放假，晚上颇觉得轻松，于是想到作Hölderlin[荷尔德林]。抱着头硬想，只是想不出什么东西，外面也或者因为明天没课，人声、笑声似乎特别加多了——真讨厌。
>
> 拼命，在床上，想了一晚上，好歹想起了个头，但也不怎样满意。而今才知道做文章的难，做不出文章，心里终放不下，半夜里醒来，终于又点蜡写了一点。

从1933年12月26日动念写作，都过去了4个月，文章还没有最后完成，不免让他着急。不过，《荷尔德林全集》的买到大大加快了他的写作进度。

虽然丸善书店的回信让他失望，但他并没有因此断了买荷尔德林作品的念想。1932年12月7日的日记记载：

> 决定买Hölderlin[荷尔德林]全集。下德文后，问Ecke[艾克]，他说，Hellingrath[海林格拉特]和Seebass[泽巴斯]合辑的全集已绝版，但能买到Second hand[二手书]，晚上随写信到Max Nössler[璧恒]问是否可以代买。

荷尔德林在1843年去世后长期湮没无闻。1913年，诺伯特·冯·海林格拉特（Norbert von Hellingrath，1888—1916）开始编辑出版《荷尔德林全集》，他1916年死于“一战”战场后，弗雷德里克泽巴斯（Friedrich Seebass）和路德维希·冯·皮格诺特（Ludwig von Pigenot）接手继续编辑，直到1923年才出版了6卷本的全集。《荷尔德林全集》的编辑出版，得到德国大哲学家海德格尔的极力推崇，因而引发了德国乃至全世界“荷尔德林热”，声望也迅速传到了中国。季羡林因了艾克教授的介绍，才萌发了购买《荷尔德林全集》的愿望，马上写信让上海的璧恒公司代为向德国购买。

1933 年 2 月 11 日回校之后，季羡林收到了璧恒公司的信。见信之后，他的第一反应就是“我订 Hölderlin[荷尔德林] 准没有了。然而，不然，却有了”。他欣喜若狂——“我想跳，我想跑，我不知所措了。我不敢相信，我顶喜欢的诗人，而且又绝了版的，竟能买得到。我不知所以了。”荷尔德林是他“顶喜欢的诗人”，现在能买到他的全集，即使是二手书也让他欣喜若狂。

1933 年 4 月 1 日，璧恒公司终于把《荷尔德林全集》寄来了，但是那天太晚了不能取，让他遗憾了一晚上。1933 年 4 月 10 日上德文课的时候，季羡林把《荷尔德林全集》拿给艾克教授看，后者大为高兴。艾克说：“你大概是中国第一人有这么一部书的。”他想“能有这么一部 Hölderlin[荷尔德林] 全集，也真算幸福。”

出于得到《荷尔德林全集》的狂喜，他还把它写到了他的一篇文章中。1934 年 2 月 6 日的日记记载：

> 看 Hölderlin[荷尔德林] 的诗，一行也不了解，但也就看了下去，仿佛是淡淡的影子飘在面前，又仿佛什么也没有，但一旦意识到了的时候却的确在看书。
>
> 还有，我每次（只是这几天来）一坐下看 Hölderlin[荷尔德林]，脑子就纷纷起来，回旋着想，想的总不外是要作一篇什么 essay[小品文]，什么题目，怎样作，往往对着书想几个钟头，多半没结果，时间也就这样过去了。

今天又是在这样情形之下，想到一个题目《回忆》，于是立时拿出笔来sketch[打草稿]，文思汹涌，颇不坏，什么时候写成，却就不得而知了。

翻阅《清华园日记》，总有这样的印象，他的散文往往是在干别的事情比如上课或者看书等的时候构思、写作而成的，是心有旁骛后的结果。《回忆》也是如此，是在宿舍里看《荷尔德林全集》，研读他的诗作的时候有了灵感，到2月14日就基本写成。不仅如此，季羡林还将眼前的《荷尔德林全集》写进了文章里：

在不经意的时候，我常把母亲的面影叠在茶杯上。把忘记在什么时候看见的一条长长的伸到水里去的小路叠在Hölderlin[荷尔德林]的全集上。把一树灿烂的海棠花叠在盛着花的土盆上。把大明湖里的塔影叠在桌上铺着的晶莹的清玻璃上。把晚秋黄昏的一天暮鸭叠在墙角的蜘蛛网上，把夏天里烈日下的火红的花团叠在窗外草地上半角着的白雪上……然而，只要一经意，这些影子立刻又水纹似的幻化开去。同了这茶杯的，这Hölderlin[荷尔德林]全集的，这土盆的，这清玻璃的，这蜘蛛网的，这白雪的，影子，跳入我的回忆里，在将来的不知什么时候，又要叠在另一些放在我眼前的东西上了。

该文发表在1934年4月出版的《清华周刊》第3、4合期上。这也是荷尔德林的另一种译介传播方式吧。

到了20世纪90年代，季羡林在一篇文章中回忆说自己“仍然节约出一个月的饭费，到东交民巷一个德国书店订购了一部德国诗人薛德林的全集”，订书的地方是“东交民巷一个德国书店”，这是老来回忆之误，那时《清华园日记》还没出版。不过，“这是我手边最珍贵的东西，爱之如心头肉”

这句话确实不假。

《荷尔德林全集》成了他写作的重要参考书。在后来写成的文章中，季羡林认为在荷尔德林这么一位大诗人从湮没无闻到被重新发现的过程中，除了格奥尔格，前期主要是威廉·狄尔泰（Wilhelm Dilthey）的推动，在他的《体验与创造》（*Das Erlebnis und die Dichtung*）中，写有《荷尔德林》的专文，将他与莱辛、歌德、诺瓦利斯等大诗人并列，其贡献在于“重新估定了薛德林的价值”。但狄尔泰见到的荷尔德林作品并不全，在他死后，又有许多荷尔德林的手稿和书信陆续被发现。接下来他高度评价了海林格拉特和泽巴斯的贡献：

> 这些手稿和书信的发现，是海林格拉特（Hellingrath）和泽巴斯（Seebass）的努力，因为喜爱了他的诗，便着手去搜集，这自然是很偶然的事，但是，就因了这“偶然”，我们却能够多读了许多他的诗，我们是幸福的，他们俩对薛德林自然不能不了解，但了解也不深，他们的价值就在作品的发现的本身，因为每个天才的发现，第一步总是搜罗遗著和手稿，以后才能谈到其他，“每个开始，都是难的”，他们就担任了这艰难的开始，而且很令人满意地担任下来，我们怎能不感谢他们呢？

两人的最大贡献就在于搜集荷尔德林的手稿和书信，编辑了《荷尔德林全集》，使得包括格奥尔格在内的后来人能够进一步了解和研究这位德国大诗人。

《荷尔德林全集》不仅是季羡林写作的重要参考来源，也成了他写作的强大动力。我们来看他的1933年4月3日到11日的日记：

4月3日：一天都在作Hölderlin[荷尔德林]。限今天作完他的life[生平]。

4月4日：限今天作完我对他的认识。果然——没作完，然而终究也差不多。

4月5日：早晨把文章作完了。

4月6日：开始抄Hölderlin[荷尔德林]，抄比作还费劲。埋头抄了一天，还不到一半，真悲观。

4月8日：今天才抄完。

4月11日：晚上Hölderlin[荷尔德林]稿子送了来校对，德文居然排得很不错，也真不容易——当初写文章的时候，看着，不如说觉着，还不坏。抄的时候，我觉得有点儿坏了，这次校稿，简直觉得坏得不可救药，我真就这样泄气吗？

经过前三个月的酝酿，他在八天之内写完了这篇12000字文章的写作、抄写和校对，完成文章的第二、三部分用了三天，抄写用了三天，校对用了一天，不可谓不快。

该文刊登在《清华周刊》1933年第5、6合期上，4月19日出刊。他的好友李长之1933年2月就任《清华周刊》文艺栏主编，就向他约稿。第二天，季羡林马上投了一篇译文《代替一篇春歌》，3月18日刊登，这是他第一次在《清华周刊》上发表文字。

“第5、6合期”是李长之主编的“文艺专号”。他不仅刊登了《现代才被发见了的天才——德意志诗人薛德林》，自己还翻译了荷尔德林的《大橡颂歌》，署名“梁直”。在4月8日作的《大橡颂歌》前记中，提到了翻译这首诗的缘由，其中说道：

当时因为喜欢这诗，便情不自禁地译了出来。用白话译了一遍，又用文言译了一遍。现在羡林兄作薛德林论文，怂恿我把诗附上，他说文言的好些，我也就略加修改，凑个热闹罢，说不定要大煞风景哩。

因此这首用文言体的《大橡颂歌》，是在季羡林的怂恿之下，配合他的论文而翻译的，页码接排在他的文章之后。这首诗季羡林也曾经翻译过，日记中提到过两次，1932 年 11 月 12 日的记述是：

早晨，把 Hölderlin［荷尔德林］的 *Die Eichbaume*［《大橡歌》］找出，想再译一遍，只译了两句，又住了。

1933 年 11 月 9 日的日记记载如下：

林庚找我替他译诗，我推了几次，推不开。今天过午，只好把以前译的稿拿出来修改修改。一个是《大橡歌》，根本不能修改；一个是《命运歌》，修改了半天，仍然不成东西——结果却仍然是头痛。

这里提到的“*Die Eichbaume*”，季羡林译为“《大橡歌》”，而李长之译为“《大橡颂歌》”。在好友林庚的再三恳求之下，他修改以前翻译的《大橡歌》和《命运歌》，但结果并不让他满意，也就不可能拿去发表。

1933 年 4 月 10 日，李长之为本期的出版写了“编校后记”，不仅提到自己翻译“《大橡颂歌》是种尝试”，还说道：

在论文中，介绍薛德林的一篇，作者是很费过事的，参考了不少的书籍。诗样的批评文，如轻快的梦，导我们在轻快的梦中和薛德林作为好友。全文讲生平的一节，和末后论了解薛德林的一节，似乎还少一种统摄的联系。——自然，这是指内容上的。

在此，李长之肯定了季羡林的写作努力，也指出了文章的缺点，那就是第二、三部分之间缺乏“一种统摄的联系”。

这篇长文在《清华周刊》发表以后，极大地鼓舞了季羡林研读荷尔德林诗作的信心，奠定了以后将荷尔德林的早期诗作作为其毕业论文主题的基础。

由于拥有弥足珍贵、令人羡慕的《荷尔德林全集》，时不时看看或者翻译他的诗，又整天把荷尔德林挂在嘴上，季羡林也被他的同学和好友看作“薛德林专家”。1933 年 9 月 22 日的日记记载：

> 一天把 Hölderlin[荷尔德林]挂在嘴上，别人也就以 Hölderlin[荷尔德林]专家看我，其实，自问对他毫无了解，诗不但没读了多少，而且所读过的大半都是生吞活剥，怎配谈他呢？真是内愧得很。

但是他并不以“薛德林专家”自居，在为《近代德国大诗人薛德林早期诗的研究》写的“后记”中，季羡林也表达了同样清醒的认识。他说：

> 大概以后我还要写几篇关于他的文章，我这样说，并不是想去注册专利，或挂上薛德林专家的招牌，注册专利我没那样的兴趣，挂专家招牌我又哪里有那种勇气呢！我最大的愿望也不过是，使中国不知道德国有薛德林这样一个人的人知道德国有过这样一个人罢了，倘若读者能比这得到更多的东西，那是读者自己的福分，我连梦想也不敢梦想的了。

他只是想为荷尔德林在中国的译介多做些力所能及的工作，使中国读者对荷尔德林有更多的认知。

四、结　语

随着 1907 年王国维最早对荷尔德林进行译介之后，在 20 世纪二三十年代，以北京大学、清华大学的师生为核心，形成了包括卫礼贤、杨丙辰、艾克、石坦安、冯至、季羡林、李长之、杨业治在内的传播者群体。他们采取教学传播、报刊译介等方式，对荷尔德林在中国的早期译介做出了自己的贡献。

在这些人当中，季羡林虽然只发表了两篇文章，却是学术基础较为雄厚、科研潜力较大的一个。如果不是去德国留学时转向了梵文研究，他一定能够在后来的荷尔德林译介中作出更大的贡献。

（原载《出版科学》2017 年第 2 期）

季羡林大学时代的作家梦

叶　新

《清华园日记》既是季羡林对于自己清华园生活的记录，也是他对自己和周围人的创作生活的记录。从大四这一年的日记来看，虽然同是“清华四剑客”，季羡林（1934 年外文系毕业，是为“第六级”）当时的状态，和吴组缃（1933 年中文系毕业，是为“第五级”）、林庚（1933 年中文系毕业，是为“第五级”）、李长之（1936 年哲学系毕业，是为“第八级”）还是不能比。林庚已经出过书，李长之发文很多，而吴组缃正在进行小说的创作。

1933 年 9 月 18 日，季羡林在日记中写下“卞之琳来，晚上陪他玩了会。林庚的诗集出版了，送了我一本”。

就这么两句话，信息量很大啊！说的是林庚刚刚出版了他的处女作诗集《夜》，集中收录了他 1931 年至 1933 年创作的自由体新诗 43 首，蒙清华大学中文系主任朱自清教授特许，作为他的毕业论文，由外文系叶公超教授作为他的论文指导老师，出版时是俞平伯教授作序，闻一多教授设计封面，由开明书店总发行，颇得文坛前辈的提携，教授大咖们纷纷为之站台。

而在同一条日记中提到的卞之琳，在沈从文 30 元大洋的赞助下，早在 1933 年 5 月就出版了处女作诗集《三秋草》。季羡林在同年 8 月 14 日的日记中写道：

> 又会到卞之琳。对他的印象也极好。他不大说话，很不世故，而有点近于 shy［腼腆］。十足江苏才子风味，但不奢华。他送我一本他的诗集《三秋草》。在一般少年诗人中，他的诗我顶喜欢了。

难得的是，首版才区区 300 本，卞之琳就送了季羡林一本。而季羡林对卞之琳很是看好，“十足江苏才子风味，但不奢华”，意思是有才华是好事，但如果“才华横溢”就不好，最好是低调不奢华了。难道他在这里暗指当时才华横溢、眼高于顶的钱锺书？在他日记中记录的琳琅满目的大学朋友圈中，这位“老钱”，他正儿八经的外文系师兄，只出场过一次呢。既然江苏人成名只需靠才华，山东苦出身的季羡林只能靠勤奋了。

那为什么这段的开头有个“又”字呢，因为前面还有一段：

> 又到北大访李洗岑，因为我常听长之谈到他，我想认识认识。他在家，谈话很诚恳，他能代表山东人好的方面。长之给我的关于他的印象是内向的、阴郁的，但我的印象却正相反。

李洗岑是谁？大名李广田是也，又名曦辰，与“洗岑”谐音，鼎鼎有名的“汉园三诗人”之一，他对这位山东同乡的印象是“谈话很诚恳，他能代表山东人好的方面”。而山东也有才子，不仅李广田，李长之也是。

你看，就在同一天里，季羡林由才子李长之陪同，不仅初次会到了另一才子卞之琳，和又一才子李广田也是初次见面，想想都激动啊！因此，他在这一天的日记的开头写道：“今天是很可纪念的一天，最少对我。”对北平文坛而言，这也是很可纪念的一天呢！

与卞之琳这些才子的见面，带给季羡林的不仅仅是激动，简直是刺激了。季羡林之前这一年，也就是大三这一年，并不是没有发表过文章，但大多是编译，不是真正的创作。大三开学之初，季羡林的老师吴宓教授要他和同班同学王岷源、施闳诰、武崇汉等帮忙办《大公报·文学副刊》，就是编译英美文学报刊上的文章，或者写当时新出书的书评。季羡林一开始还是挺有兴趣，在“文学副刊”上一共发表了9篇文章，先是编译欧美文坛消息，后来发表了创作程度更高的一些书评，特别是关于国内作者的书评，比如巴金的《家》等。渐渐地，他对远离新文学的“文学副刊”不满意甚至看不上了，他想搞真正的创作——写诗，写小说。可他没有才气，因此他想到了一个突破口，那就是小品文，也就是散文，洋名“essay”。

而在此时，对老气横秋的“文学副刊”不满意的还有吴宓的东家《大公报》，因此在1933年9月23日，新锐作家沈从文主编的“文艺副刊”创刊，马上被季羡林高度关注了，他在这一天的日记中写道：“看到沈从文主编的《大公报·文艺副刊》，今天是第一次出版，有周作人、卞之琳的文章，还不坏。”颇有欣赏之意。这一期由周作人的《猪鹿狸》打头阵（署名“岂明”），然后是林徽因的《惟其是脆嫩》（署名“徽音”），接着是卞之琳的诗《倦》、杨振声的《乞雨》，殿后的是沈从文自己的《〈记丁玲女士〉跋》。没有大张旗鼓的发刊词，要的就是静悄悄的革命。

“文艺副刊”在一周中的周三、周六出版两次，而“文学副刊”一周才一次。前者对后者不是直接的替代，而是在并行中加以淘汰，《大公报》

颇有“总把新桃换旧符”之意。果然到1934年初，《文学副刊》停刊了。

也许是对“文艺副刊”的向往，也许是受母亲突然去世的刺激，还有周围同学的文章发表成就所致，季羡林在1933年11月12日的日记中写道：

看到长之作的《梦想》，他把他自所希望的，梦想将来要作到的，都写了出来，各方面都有。我也想效一下颦，不知能作到不？我写的，恐怕很具体，我对长之这样说。是的，我真这样想。

在过了一个多月的12月16日，他在日记中又写道：

我老想我能在一年内出一本小品文集，自己印，仿《三秋草》的办法，纸也用同样的。我最近也老想到，自己非出名不行，我想专致力写小品文。因为，我觉得我这方面还有点才能（不说天才）。

季羡林的脑海里逐渐有了一个作家梦，他想仿照卞之琳的《三秋草》那样出书，不过出的不是诗集，而是散文集。这个梦给他带来了不断的痛苦，也可以是说是创作的阵痛。比如：“久已想写的《心痛》到现在还没写，写文章就真的这样困难吗？”比如：“幻想着怎样能写出几篇好的文章。”等等。他在11月25日的日记中表明了他靠写作谋生甚至成名的宏大抱负：

我最近很想成一个作家，而且自信也能办得到。说起来原因很多。一方面我受长之的刺激，一方面我也想先在国内培植起个人的名誉，在文坛上有点地位，然后再利用这地位到外国去，以翻译或者创造，作经济上的来源。以前，我自己不相信，自己会写出好文章来。最近我却相信起来，尤其是在小品文方面。你说怪不？

他要做一个名利双收的作家，他相信自己有写作小品文的才气。他需要有所突破，来建立成功的信念。与拉拉杂杂写了一个多月的《心痛》不同，他的《枸杞树》一气呵成，从构思到写成只花了短短的三天时间，更高兴的是，他的“诤友”李长之看后不仅觉得“这篇还不坏”，而且自作主张，帮他投给了他一直向往的《文艺副刊》，而《文艺副刊》在12月27日和12月30日竟然发表了。这让他喜出望外，他在日记中写道：

今天《枸杞树》居然登了出来。不但没有不登，而且还登得极快。这真是想不到的事。而且居然还有几个人说这篇写得不坏，这更是想不到的事——我真有点飘飘然了。

不仅如此，李长之还说大名鼎鼎的沈从文很想认识他。季羡林以一篇《枸杞树》敲开了“文艺副刊”的大门，也替“文学副刊”敲响了丧钟。虽然它也曾经是他一度看重的发表园地，但是他已志不在此了。他在1934年1月1日写道：

前天听说《大公报》致函吴宓，说下年停办“文学副刊”。这真岂有此理。虽然我是“文副”一分子，但我始终认为“文副”不成东西。到现在，话又说回来，虽然我认为“文副”不成东西，大公报馆也不应这样办。这真是商人。

对《文学副刊》而言，这既是惋惜，更是告别。季羡林感觉文坛不再遥远，他发出了“文坛，我来了！”的呼声。同年1月6日，李长之主编的《文学季刊》创刊举行发布会，北平文艺界知名人士到了一百余人，几乎“悉数全收”，季羡林在物理上一脚踏进了“文坛”。在这里，他不仅见到了想认识他、他更想认识的沈从文，还有巴金、靳以、沉樱、梁宗岱、刘半农、孙伏园、朱自清、台静农等。这些人都来给还是清华大二留级生的李长之捧场，可见北平文坛对他的看重，这是当时的季羡林所无法企及的景象。

要想成为一个作家，必须像林庚、李长之那样得到前辈的提携，而提携季羡林的前辈说是吴宓也不是，因为路数不同，他不仅走外文系的路数，靠翻译吃饭，他更想走中文系的路子，靠创作成名。因此提携季羡林的是他又爱又恨的叶公超教授。

接下来，季羡林又陆陆续续写了《兔子》《年》《回忆》《黄昏》等，有的李长之说好，有的说不好，让他无所适从。他把《年》投给了上海的文艺杂志《现代》，结果被退了回来，他在日记中发牢骚说："我并不太高兴，文章我总以为还是好文章。我只说编辑没眼。"

他人的评价或者报刊的发表是对作者努力的肯定。季羡林决定把文章发给叶公超先生看看，结果是叶公超先生约他面谈，并对他大加鼓励。他在 1934 年 2 月 19 日的日记中记录了他们师生见面的情景：

> 他喜欢《年》，因为，这写的不是小范围的 Whim[怪想]，而是扩大的意识。他希望我以后写文章仍然要朴实，要写扩大的意识、一般人的感觉。不要写个人的怪癖，描写早晨、黄昏。这是无聊的——他这一说，我的茅塞的确可以说是开了。我以前实在并没有把眼光放这样大。他可以说给我指出了路，而这路又是我愿意走的。还有，我自己喜欢《年》，而得不到别人的同意。几天来，我就为这苦恼着，现在居然得到了同意者，我是怎样喜欢呢？他叫我把《年》改几个字，在《寰中》上发表。

叶公超先生给季羡林指出了小品文写作的路数：不要写小范围的怪想（Whim），要写扩大的意识，要引起一般人的共情，这让他茅塞顿开。《寰中》后来改成了《学文》，1934 年 5 月 1 日创刊。创刊号上不仅有《季羡林》的《年》，还有林徽音的两篇名作，《九十九度中》和

《你是人间的四月天：一句爱的赞颂》（此后林徽音改名“林徽因”）。能与林徽因的名篇比邻，能在叶公超主编、林徽因设计封面的文艺杂志上发表文章，季羡林非常高兴，他认为：

> 《学文》封面清素，里面的印刷和文章也清素淡雅。总起来是一个清素的印象，我非常满意。在这种大吵大闹的国内的刊物，《学文》仿佛鸡群之鹤，有一种清高的气概。

到 1934 年 8 月季羡林毕业离开清华园之前，他写的文章越来越多，发表的也越来越多，他的“作家梦”仿佛就要实现了。

1934 年 10 月 1 日李长之创办的《文学评论》第一卷第 2 期上刊登了《文学评论社出版丛书预告》，即将出版的丛书分为“理论之部”“文学史及评传之部”“创作之部”“名著翻译之部”四部分。

除了季羡林要翻译的《查拉图斯拉如是说》《奚陂里雍》（即荷尔德林的《许佩里翁》）被列入“名著翻译之部”，他的散文集《因梦集》也赫然在列：

> 中国真够上散文家的，还不多见。作者的出现中国文坛，虽然是不久的事情，但他的不苟的态度，和明显的受自英国大散文家的影响，是很清楚地在那里显示着的。他才是真有所谓“风格”的散文家，并不是文字写短了就是散文家的家可比。小品文，小品文，中国可有真正的小品文嘛。

这预告真有呼之欲出的感觉，虽然吹得是天花乱坠。紧接其后的是林庚第二部诗集《春野与窗》的预告。随后《春野与窗》就出版了，可《因梦集》还不见踪影，季羡林在 1935 年 1 月 6 日的日记中懊恼地写道：

接到林庚寄来的《春野与窗》，印刷纸张都非常好，我很羡慕，自己为什么不早把文章整理出一本书呢？今年春天无论怎样总要把《因梦集》出版了。

这固然与季羡林当时的状态有关，他在山东省立济南高级中学担任语文老师，忙于备课，家庭的干扰也是不可避免，写作上的懈怠是肯定的事情。但是他还是暗暗下定了决心。他同月 14 日的日记中写道：

昨天接到长之的信，说郑振铎替商务编文学研究会丛书，要替我出散文集，非常高兴，正愁自己不愿意印，当时就整理稿子，整理贴簿，弄了一晚上。今天又接着贴，贴完了，但一算才三万字，未免太少，决意年假写两篇补上。

不过此时李长之的《文学评论》早已停刊，他的庞大丛书出版计划也是烟消云散。这里的“文学研究会丛书”即“文学研究会创作丛书”，郑振铎主编，由著名的商务印书馆出版。季羡林的心又动了，要趁着寒假想多写几篇，凑够要出版的字数。

在同年 3 月 22 日的日记中，季羡林告诉我们：

昨天听洁民说郑振铎主编的文学研究会丛书的出书的预告已经见到了。我心里颇有所动。我想赶快写几篇文章，凑足一个集子，交给他印了出来。但近来又有作文，我只要改完了这批作文，就算得到自由了。

可是还没等他交稿，事情又有了新的变化。对年轻的季羡林来说，“出书梦”“出国梦”，不知道是哪一个先来？清华大学准备派季羡林去德国留学，当年 9 月成行。要为留学筹款、办手续，要跟任教的学校辞职，要给他办的《山东民国日报》“留夷”副刊做交接，事情接踵而来。他的“作家梦”暂告一段落，《因梦集》的出版则要等到半个世纪以后了。他后来在序中提到：

记得是在1935年，在我出国之前，郑振铎先生写信给我，要把我已经写成的散文集成一个集子，编入他主编的一个什么丛书中。当时因为忙于办理出国手续，没有来得及编。出国以后，时事多变，因循未果，集子终于也没有能编成，只留下一个当时想好的名字：《因梦集》。

现在编散文集，忽然又想起此事。至于《因梦集》这个名字的来源，我现在有点说不清楚了。“因梦”这两个字，当时必有所本，可惜今天已忘得一干二净。虽然不确切了解这两个字什么意想，但我却喜欢这两个字，索性就把现在编在一起的解放前写的散文名为《因梦集》。让我五十年前的旧梦，现在再继续下去吧。

到了晚年，季羡林先生龙虫并雕，学术研究与散文创作并重，终于实现了大学时代的“作家梦”，坐实了作家的身份，这不能不说是跟当年努力打下的写作底子密切相关。

《清华园日记》中季羡林的散文创作

毛银秀　王京山

《清华园日记》是季羡林先生青春岁月的印记，里面人物形象平凡，好似今天大学里的我们自己。然而，通读日记，不难发现真情流贯其间，即使是里面提到的散文创作动机，也都充满了浓浓的孤寂之情，原来一代大师终究也只是由肉体凡胎修炼而成的。在日记中，写作是季羡林大学生活中最为浓墨重彩的一笔，它为季羡林后来的出国留学和治学成就打下了坚实的基础。日记的后期，即季羡林在大四的时候，萌生了极强的创作欲望，他的多篇散文也是在这个时期创作的。

一、季羡林散文创作的基础

季羡林的散文创作可以说是他大学期间情感和文学素养积累到临界点的爆发。

所谓文由心生，优秀的散文离不开作者细腻的内心情感。季羡林从六岁起便被寄养在叔父家，淡薄的亲人关系使他从小便养成了敏感、孤僻的心理。1933 年 10 月，母亲的突然离世给他带来了巨大的悲痛和遗憾，在日记中他多次提到午夜梦回，悲痛不已，想要自杀。这时他的情感急需要宣泄的端口，因此散文创作成了最好的倾诉方式，他创作的散文大多属于抽象并带有回忆色彩的文章。

此外，大学里的季羡林虽然生活清贫孤苦，但却并不孤僻无为。在清华大学的前三年里，大量的阅读和勤于书评写作不仅填补了他孤寂的内心，而且还为他的散文创作打下了坚实的基础。通过《清华园日记》里提到的书目可知，他的阅读范围广泛，横贯中西，仅大三、大四两年时间里，季羡林就读了近两百本中外文学作品，创作和翻译的书评总数也多达几十篇。他甚至还梦想能拥有一间自己的书斋，大学期间即使生活拮据，他也尽其所能地从国内外购买喜爱的图书。

日记还记道，他喜欢德国作家荷尔德林。荷尔德林的作品整体上比较注重主观情感的抒发，流露出忧郁、孤独的情绪，反映出理想和现实之间的不可调和，这正照应了季羡林当时的内心情感，或许这也正是他热衷于荷尔德林作品的一个重要原因，因此他的散文的情感基调深受荷尔德林的影响，就连他的毕业论文最终也选定在研究荷尔德林早期诗歌上。

还需指出的是，季羡林的散文写作离不开师友的引导和帮助。从日记中我们还能发现，在大多课余时间，访友闲谈、阅读写作是季羡林的主要活动。他在闲谈中交流思想、开启创作，好友李长之对他的帮助较多，二人亦师亦友。李长之激发了季羡林的创作欲望，很多时候季羡林写完一篇文章都会拿给他品评，李长之也总能给予其极为中肯的建议。

从翻译到书评，再到散文写作，季羡林的创作经历了一个从写别人的东西到写自己的东西的过程，也因此，散文才是季羡林大学里真正意义上的创作。他的散文写作起始于对已逝母亲的思念和忏悔，因此有了《心痛》；有对童年趣事的回忆，如《兔子》；还有对自然景物的随感而发，如《黄昏》和《枸杞树》等。根据《清华园日记》及其他相关文献，《年》《黄昏》《寂寞》《枸杞树》是其中比较出色的四篇，它们也是季羡林对自己当时的作品认可度较高的四篇，一直到今天，人们依然对这几篇散文赞声不断。

二、季羡林散文创作情况分析

季羡林到底是怎样开始散文创作的呢？其实，他自己曾在大学里写过一篇名为《我怎样写起文章来》的文章，真实地记述了季羡林那一段少年时代厚积薄发的写作历程，但后来丢失了。所幸的是，文章虽已遗失，但线索仍在，日记里有比较详细的记录。

《清华园日记》始于 1932 年 8 月 22 日。在大一、大二期间他也许发表过一些小作品，但从日记内容可以很容易地推断出，他真正意义上的创作应该始于 1933 年 12 月，作品以散文为主。而在此之前的三年里，他的作品应该只是些零零散散的文学批评和翻译，日记里有的几乎都一笔带过，所以无需多言。而 12 月以后，他日记的内容显然比之前的更丰富和具体，情感描写也更加细腻，少了些愤懑抱怨，多了对创作的叙述。

《心痛》是他散文创作的开始，日记中详细记载了这一创作过程。1933 年 11 月，在文学批评的课上，他突然想到刚去世不久的母亲，当时悲痛剧烈，就像日记中所说“像一排连珠箭，刺痛我的心”，他想哭，甚至多次说到想要自杀。为寻求感情的解脱，于是他决定作《心痛》一文。虽然有浓烈的情感基础，但他这次的创作并不顺利，心痛时袭，落笔踌躇。

最后，这篇文章终于在近一个月后的一堂课上完成。其实，除了开始比较拖延，这篇文章对他来说并不困难，文章一气呵成，心情舒畅，感觉良好，他甚至还幻想完成了一篇中国小品文的杰作。至于落笔踌躇，主要是因为他想要好好作文一篇，想要成为一名作家。在此之前，他要做的就是先在国内培植起个人的名誉，赢得文坛上的一席地位，然后再利用这地位出国留学，并以翻译或创作的方式获得经济上的来源。《心痛》是季羡林大学创作的一个真正的开始，而其写作动机则促使了他后面几篇优秀散文的诞生。只是《心痛》最后应该没有发表，日记没有明确记录，但提到李长之看完后的评价是“形式松而内容挤”等，虽然自我感觉良好，但似乎并没有得到周围人的认可。

“在静静的长夜里，忽然醒了，残梦仍然压在我心头，我注视着这神秘的黑暗，我描绘给我自己……我做着天真的童话般的梦。”[①]这是季羡林作的一篇颇有英国意识流作家伍尔夫风格的文章《枸杞树》里的段落，文字清新自然，充满了童稚般的幻想和对当时大学生活淡淡的迷茫。按照日记写作日期来看，季羡林是在构思《心痛》期间完成这篇《枸杞树》的，文章成文很快，于他而言，一切似乎来得太容易，以致他不敢相信它会是一篇好文章。后来，他把文章寄给学校老师沈从文，出乎意料，这篇文章仅时隔一天就被登载了出来，还得到了不少人的好评，沈从文甚至因此想要认识他，这让他颇有成就感，也更加激发了他写作的热情。之后，季羡林又写了《黄昏》一文，历时两个月后被《文艺月刊》刊登。

在1934年2月，季羡林的日记里出现了不少愤懑埋怨之词，主要原因在于他的散文《年》在寄往《现代》时碰了壁，文章被退回。“只怪编辑没眼”，他很自信，而且坚信自己的文章其实写得并不坏。不甘于这样的结果，他把《年》连同《枸杞树》和《兔子》一起拿给叶公超看。可喜的是，叶先生看了之后对这三篇文章都赞赏有加，还约他到家里面谈。此

① 季羡林．季羡林散文精选［M］．北京：当代中国出版社，2008:3.

次面谈对稚嫩的季羡林来说意义重大，有鸿蒙初开、醍醐灌顶之效，除了让他把《年》修改几个字，叶先生还从写作思想上给予了极大的提点。他说他喜欢《年》，因为它写的“不是小范围的 Whim[怪想]，而是扩大的意识”，他希望他以后写文章要朴实，要写扩大的意识，不要集中于个人的怪癖，譬如描写早晨、黄昏一类都是无聊的。此一说让季羡林茅塞顿开，备受鼓舞，之前的愤懑之情一扫而空，后来《年》也终于在《寰中》和《学问》上发表。不难看出，叶公超先生当时对身为学生的季羡林在写作上产生过很大的影响。

在《年》之后，是一篇描写幼年真事的文章——《兔子》。关于这篇文章，日记所提不多，虽然写作过程充满着矛盾，但它的发表倒是没费多大周折。也许越是真实具体的事越难以描绘，季羡林写作《兔子》的每一阶段，他总是不满意，甚至成文以后誊抄时，他还是感觉很勉强和苦闷。为弥补不满，他想到了作《忆母亲》，后来不久又写了《回忆》。除了《兔子》发表在《文学季刊》上，其他两篇去处不明。这三篇文章产生时间相近，风格也极其相似，都属于回忆类文章，他这是在追忆童年和家乡，或者说是想搜寻更多的与母亲有关的事和物。显然，母亲的离去是季羡林一生永远的痛，落在纸上的回忆何尝不是他年少孤寂的心里一笔笔难舍的温情。珍视乡情母爱，却又内心纠结痛苦，所以在作文过程中，季羡林总是对自己吹毛求疵，就跟他开始写《心痛》一文一样，往事历历在目，却难以成文。

根据《清华园日记》中的记录，1934 年 3 月，在写作上已取得不俗成绩之后，季羡林开始构思一篇讲述自己是怎样开始写作的文章，《我怎样写起文章来》由此产生。结合季羡林一生的学术成就，一篇写作自传对于学界来讲实在珍贵之极、不可多得。但这篇文章在彼时彼地却有些不合时宜，以当时他的资历来讲，写这样的文章未免有自大之嫌，文章因此没能发表，后来又由于各种原因遗失。

值得一提的是，《我怎样写起文章来》的产生是季羡林在为《自己》一文纠结烦恼而不得的情况下，而另寻的一条自传性写作支脉。日记中讲述的《我怎样写起文章来》的发表过程实在有点啼笑皆非。其实，在创作之初，他就明白，这种题目一般是比较有名望的作家写的，自己若写了，是不打算发表出来的，因为一定有人笑话他。后来，他把写好的这篇文章送呈给叶公超先生看，结果却狠狠地碰了颗钉子。当时，叶公超把他叫过去，铁青着脸，把原稿掷给了他，并直截了当地说“我一个字都没有看”，沮丧之下，他颇为狼狈地拿稿遁走了。可以想象当时书生意气的季羡林是多么尴尬和不平，毕竟他自己对这篇文章的感觉是极为良好的。至于当时为什么会被叶公超拒绝，或许后来的季老能理解其中的缘由吧。

《我怎样写起文章来》碰壁之后，执拗的青年并没有停止他对“自传”的构思。但是从日记间隔来看，十几日过去了，《自己》一文仍旧是毫无进展，他想来想去，“越想越糊涂”，若一味强求，恐怕这里面的痛苦要比快乐来得更多。最终，这篇自传性质的小品文不了了之。其实，从个人情感来讲，学生时代的季羡林作《我怎样写起文章来》和《自己》并不能说他当时有多大的自信或是自负。青年多敏感，这时正是一个人的人生观和价值观形成的关键时期，加上大量的阅读和不一样的亲情背景，表达、倾诉的欲望也就愈强，于是只要得到些许朋友和老师的赞赏，便会促使如季羡林这样的年轻人开始去审视和展现自己，而写作则是最好的呈现方式。只是在这种时候，往往是当局者迷，够不够格不是问题，关键是想要被认识和认可。虽然最终宏愿破灭，然而能无畏地倾诉，“又岂不快哉”！

日记到了这里已经接近尾声，季羡林的大学生活也快要结束了，但他的写作却丝毫没有半点懈怠，《寂寞》《老妇人》《夜里香花开的时候》和《红》纷至沓来。其中在写《老妇人》的过程中，他的心情是最为得意、欢畅的，“开始写《老妇人》，觉得非常满意”“一天都在写着《老妇人》，仍然很满意”“把《老妇人》看了一遍，仍然觉得很满意”“《老妇人》我实在太爱了，我要用来打破《现代》的难关”.最后他把《老妇人》改为《母与子》寄给《现代》，结果有点让人忍俊不禁，文章应该是被退了回来，只是日记里没有明说。究其原因，可能正如季羡林在日记里所说，自己往往觉得很满意的文章，别人却总是认为写得不好，反之亦然。就好比之前的《兔子》一文，他自己在写作过程中可谓是千般纠结、万般不满，结果李长之却说不错，《文学季刊》也很快刊登了出来。至于《寂寞》《夜里香花开的时候》和《红》这三篇，《寂寞》应该是写得不错的，最后发表在《文学评论》上，而另外两篇则去处不明。

季羡林大学时期创作的散文基本都能在《清华园日记》里找到线索，有明确去处的篇章主要都发表在《文学季刊》《学文》《文学评论》《文艺月刊》和《现代》五个期刊上。这些期刊在当时文艺界都有着比较大的影响力，有不少著名作家参与编辑、撰稿，如郑振铎办的《文学季刊》，规模很大，鲁迅、周作人、俞平伯，以及施蛰存、闻一多等都是其编委成员。作为学生的季羡林，能在这些期刊上发表文章，足以说明他当时的写作水平。

不过正如叶公超所说，他的散文大都集中于小范围的意识，甚至有点“为赋新词强说愁”的味道，出现这种问题不足为奇。首先，在那个时代，一个学文学的人若不写点文章，就显得落伍了，他的写作有很大的功利性在里面，主要是为出国留学打基础；其次，文章的深浅、意识范围的大小更多取决于一个人的阅历和知识的广博与否，显然，大学时代的季羡林在这两方面都还不够成熟；最后，他从小形成的幽闭的心理也是一个重要的影响因素。幽闭的心理往往会让人聚焦于一事一物和一类情感之上，所以季羡林这时期的散文大多缘起于母亲的离世，回忆性质比较强。

季羡林和臧克家的《烙印》笔墨官司

叶　新

季羡林先生在 1979 年 4 月 15 日给老友臧克家的一封信中提到：“寄来的诗选已收到。读到《烙印》等诗，回忆到四十多年的情景。当时我还是清华大学的一个学生，曾几何时，已垂垂老矣。”如果考虑到当初他与这本诗集的相遇，这番话说来话长，也意味深长！

信中的“诗选”当为此前不久由人民文学出版社出版的《臧克家诗选》，版权页上标明是“1956 年 11 月北京第一版 1978 年 11 月北京第 2 版”。《烙印》不仅是臧克家第一本诗集的书名，也是其中的一首诗的篇名。这首诗不见于“1956 年版”而重现于“1978 年版”的“诗选”，仅列于《难民》之后。这让季羡林感慨万千，思绪又回到了四十多年前的清华园求学时期，彼地彼时给他留下了太多的回忆，而其中的一件就是他与臧克家的《烙印》而产生的笔墨官司了。

当时，作为山东大学国文系三年级的学生，臧克家出版了处女作诗集《烙印》，而季羡林作为清华大学外文系三年级的学生，还没有见过臧克家，但两次发表书评批评他的《烙印》，这在他俩的朋友圈中引起了一场不大不小的风波。

1932 年 9 月，应清华大学外文系教授、《大公报·文学副刊》主编吴宓先生之邀，季羡林和同学王岷源、施闳诰、武崇汉等为之撰稿，专门开辟了一块发表阵地。当初季羡林认为“文学副刊”“不大喜欢创造”，在发表了不少欧美文坛消息后，逐渐开始发表新文学批评，对《烙印》的评论是他的第一次尝试。

《烙印》这本诗集出版于 1933 年 7 月，既是臧克家的处女作，也是他的成名作。他的恩师闻一多教授虽然已经离开青岛大学，就职清华大学中文系，但为他的诗集出资 20 元并作了序，肯定了他的诗“具有一种极其顶真的生活的意义”。著名作家梁实秋、老舍、茅盾、韩侍桁等也做了极其肯定的评价。文坛的良好反响促使这本诗集从自费出版变成了商业出版，上海的新月书店将其纳入“开明文学新刊”，1934 年 3 月予以再版，到 1949 年 2 月已经是第 8 版。

但是在文坛的一片看好声中，也掺杂着来自季羡林、李长之的不和谐音。季羡林是何时看到这本诗集的呢？

我们来看《清华园日记》的摘录：“读臧克家的诗，觉得有些还不坏。（1933.8.27）”“又写了一篇评臧克家诗的文章。（1933.8.28）”“有些还不坏”的言下之意是“有些坏”，有感而发，一日成文，直接投给了自家的发表阵地“文学副刊”。从当时的情形看，季羡林不可能得到臧克家的赠书，所评的诗集很有可能来自卞之琳、李广田之手。前者鼓励臧克家自费印诗，后者是臧克家的中学同学，他们都为《烙印》的出版出了大力。季羡林在 1933 年 9 月 1 日写道：“吴宓送我一本臧克家送他的诗。”臧克家给吴宓先生送了一本，应该是他看不上这种新诗集，转手就送给了季羡林，所以季羡林很快在“文学副刊”第 296 期（9 月 4 日）发表了这篇书评。

这篇不是《烙印》最早的书评，1933 年 9 月 2 日的《益世报》刚发表梁实秋先生的书评，他的评价是正面肯定的，赞赏其表现出了作者的个性，他认为最难得的是“作者虽然对于生活的艰苦表示多量的同情，然而他并不流于时髦的人道主义或感伤主义”“他不会因了同情的心热炽而抛弃了艺术的立场”。期待文坛评价的臧克家刚刚感受到了文坛前辈梁实秋先生给予的一番热情，马上就遭受了无名小子季羡林同学泼来的一盆冷水。

臧克家的反应如何呢？季羡林在 1933 年 9 月 13 日的日记中写道：

> 在长之处，看到臧克家给他的信。信上说：羡林先生不论何人，他叫我往前走一步（因为我在批评《烙印》的文章的最末有这样一句话），不知他叫我怎样走——真傻瓜。怎么走？就是打入农工的阵里去，发出点同情的呼声。

季羡林在书评的一开始就有了这样的定性：“本书共包含新诗二十二首，听说是在出版前经过许多人选定的。作者的确写过许多极坏的诗，幸而都在选的时候删掉了，所以留在这集子里的，大半都还令人满意。”颇有半褒半贬、褒中有贬之意。

他赞赏的是“作者感觉到了生活的痛苦和严重，写了出来。但是又推己及人，想到了别人的，尤其是被压迫者的痛苦，也写了出来”“他替他们诉苦，替他们呼号”。不过他疑惑的是“根据自己的痛苦，能推想到别人的痛苦吗”？他认为作者的问题在于“以一个大学生去写炭矿工、当炉女的心情，总有点像‘隔皮猜瓜’”。

因此在书评的最后，他说：“在《洋车夫》里的诗人说：‘他的心是个古怪的谜。’真的。诗人要想了解这个谜吗？请你再向前走一步。”臧克家要问季羡林的是“不知他叫我怎样走”，季羡林的回答是“打入农工的阵里去，发出点同情的呼声。”

季羡林觉得这个问题还没有谈透，或者说他认为臧克家还不明白这一点，因此有了再评《烙印》的意思。我们来看同年 9 月 24 日的日记记载：

回来就开始写《再评〈烙印〉》，我现在才知道写文章的苦处——满脑袋是意见，但是想去捉出来的时候，却都跑得无影无踪，一个也不剩了。写了一早晨，头也痛了，才勉强写成，只一千字左右。

季羡林想写文章把包括闻一多在内的当代诗人都骂个遍、开个刀，人称“曹诗人”的曹葆华大加鼓励，提出在他主办的《北平晨报》“诗与批评”附刊中为此开辟一个专栏。当晚季羡林就开写《再评〈烙印〉》，一直写到第二天早上，努力捕捉到处乱跑的灵感，总算熬出了一千字。

接下来的不久，季羡林因母亲突然去世，回家奔丧，回来再写日记已经是一个月以后了。他在 1933 年 10 月 31 日的日记中写道：

前几礼拜，作了一篇《再评〈烙印〉》，是骂臧克家的，不意给曦晨看见了，以为有伤忠厚，劝我不要发表，曹诗人又不退还稿子，我颇为难——昨夜几失眠。

“曦晨”即李广田的字，他作为臧克家的同学，认为此文“有伤忠厚”，不建议发表。但是曹葆华收了稿子之后又不肯退稿，让季羡林左右为难。结果呢，见 11 月 23 日的日记“《关于〈烙印〉的几句话》在《诗与批评》登出来了”。

在该文的开头，季羡林提到：“昨天我在一个朋友那里看到臧先生的信，说：‘羡林先生不识何人，他要我往前走一步，不知这一步如何走法？’”

而季羡林教给臧克家的“走法”是：

诗人，向前走一步吧，即使不能成为“这群人”的一个（成了当然更好），也到这群里去看看，去到他们灵魂的深处去看看，到底是什么情形。坐在红楼上说梦话，把这劳苦的一群当成海市蜃楼，无论自己怎样“像一条吃巴豆的虫”，有那一类的作品作基础，也不会把这海市蜃楼弄得离你更近些。向前走一步吧，倘若你愿意的话：只这一步，会带给你同情的心。

作为季羡林的好朋友，李长之当然是为他站台。《文艺》月刊1933年第6期（12月1日出版）也发表了李长之对《烙印》的书评。他一上来就说“我读他的诗并不多，印象不大好罢了”。他认为臧克家“显然是还没投身到大众之中，采取了个同情者的立场罢了”。他以《洋车夫》为例，认为其缺点在于“克家所写的别人的生活之苦，完全像一个小孩子跑到玩具店的玻璃窗前，而回头指指点点数说的光景，他并没进去”。他的意见和季羡林一致，应该是双方讨论过的结果。

虽然李长之又指出了臧克家在技巧上的一些缺点，但是他还是看好后者作为诗人的远大前程，因此在文章的最后提到：

总之，克家在他诗里有许多可敬佩的根苗，就请他用那坚忍的力，——还得加上点狠心，把不完整的地方除去，无论在内容或技巧上，那么，伟大的枝干，是不久就会呈现与我们之前的，我们准备着欢迎新时代的新诗人！

《每周评论》1934年第127期发表了《臧克家大吹特吹》一文。作者不知道何人，一开头就提到“读了臧君克家的《烙印》，曾给这青年诗人写了一封长信，当然，在那封信里很少有恭维的句子，因为我是不会恭维人的”。他认为《洋车夫》中的“车上一盏可怜的小灯，照不破四周的黑影”的确是好句子，但是最后一句“夜深了，还等什么呢？”问得滑稽，认为自己如何是个识字的车夫，读到这句诗“亦会愤怒你是在开玩笑吧？”没想到臧克家给他回信说：

《洋车夫》末句“还等什么呢”无限深意。（你猜为什么？）不但你没看懂，李长之、季羡林两位朋友，批评此诗也没看懂这句。此句可称，一字一泪，力抵千钧！如果从实落脚，说他为生活压迫……便没有力量了，你明白不？

臧克家认为，季羡林、李长之这“两位朋友”就没作过诗，没看懂他的诗的无限深意，“还等什么呢”这一句在他看来就是“一字一泪，力抵千钧”！

诗从无定论，可以无限解读。不管季羡林、李长之的评价如何，出版界马上看到了臧克家诗歌的出版价值所在。臧克家的第二本诗集《罪恶的黑手》于 1933 年 10 月由生活书店正式出版，自费印制的《烙印》第二年则由新月书店正式再版，即为臧克家赢得了“农民诗人”的桂冠，也使他得到了文坛和出版界的双重承认。

2004 年 2 月 5 日，臧克家以 99 岁高龄辞世。同年 10 月 22 日，待在 301 医院的季羡林先生写下了纪念文章《痛悼克家》，其中提到了当年的这场笔墨官司，又提到对“夜深了不回家，还等什么呢？”这两句诗的感受：

这种连三岁孩子都能懂得的道理——无非是想多拉几次，多给家里的老婆、孩子带点吃的东西回去。而诗人却浓墨重彩，仿佛手持宝剑追苍蝇，显得有点滑稽而已。因此，我认为是败笔。

臧克家认为是“一字一泪，力抵千钧”，季羡林的看法是“手持宝剑追苍蝇，显得有点滑稽”，对此做了最终的回应，可惜他的老友已经无法回答了。

不过，季羡林先生也认为“类似这样的笔墨官司向来是难以做结论的，这一场没有结论的官司导致了我同克家成了终身的朋友”。不打不成交。笔墨官司可以打，一生的朋友算是交定了。1946 年夏天季羡林从德国学成归国，没地方住，直接就睡在臧克家家里的榻榻米上，两人从此相知一生。

季羡林的早期诗歌观

后宗瑶

季羡林曾说过："我尝想，日记是最具体的生命的痕迹的记录。以后看起来，不但可以在里面找到以前的我的真面目，而且也可以发现我之所以成了现在的我的原因。"确实如他所想，自 1932 年 8 月 22 日至 1934 年 8 月 11 日期间的《清华园日记》，将那个心中无所顾忌、畅所欲言的青年形象展现得淋漓尽致。它不仅成了季羡林对自己在清华大学读书时点点滴滴琐碎日常的记录，也成了后来者研究季羡林的重要史料文献，其中就包括他学诗、读诗以及形成自己诗歌观念的轨迹脉络。

以成为一名作家为目标的青年时期的季羡林对诗是有自己的一些喜好的，既有欣赏不已、倍加赞赏的诗与诗人，也有欣赏不来、只余批评的作品与作者，一如他在 1959 年 3 月《文学评论》发表的《对于新诗的一些看法》

一文中写到的那样：我既没有写过诗，对诗也没有认真研究过；我只是对诗有兴趣，因此就不免有一些意见。现在就作为一个新诗的读者，反映一些浅薄的看法。在清华园学习生活期间，他怀揣着一个作家梦，上着一系列文学课程，有着一群致力于诗歌创作的同学与好友，接触了一些知名诗人，博览了众多国内外诗歌，由此慢慢形成了自己对于诗歌的一些看法和观念。

一、诗课座上人，诗人往来客

笔者认为季羡林之所以对诗充满着兴趣，一方面源于他的相关诗歌课程，另一方面源于他所接触到的诗人。

根据季羡林的国立清华大学学生毕业成绩审查表，笔者发现在四个学年中，有四门与诗歌密切相关的课程，分别是第二学年吴宓讲授的“英国浪漫诗人”，第三学年叶公超讲授的“现代诗”，第四学年石坦安讲授的“德国抒情诗”和吴宓讲授的“中西诗之比较”。除此之外，还有文学概论、西洋文学概要、文艺复兴时代文学、莎士比亚、文学批评等相关课程。

在《清华园日记》中，多次出现叶公超的“现代诗”课程。1932 年 12 月 21 日，日记这样写着：“早晨现代诗，讲 Yeats[叶芝]，才知他的老婆是个下神的，而 Yeats[叶芝] 本人也是个大怪物。”1933 年 5 月 10 日，日记记下：“早晨上现代诗，讲 T. S. Eliot[T. S. 艾略特]。”5 月 31 日，日记写道“早晨上现代诗，老叶竟然不去。”等等。

对德国抒情诗与中西诗之比较也有相关记录。1933 年 11 月 1 日记：“下午上 German Lyric[德国抒情诗] 的时候，Steinen[石坦安] 给我指定了几本参考书，关于作 Hölderlin[荷尔德林] 的论文的。”15 日记：“过午上 German Lyric[德国抒情诗]，问了 Steinen[石坦安] 几个关于 Hölderlin[荷尔德林] 的诗的问题。”1934 年 5 月 30 日，日记写道：

“今天作《中西诗中所表现之自然》，是中西诗之比较的 paper[论文]，我想给朱光潜也用这篇，不知能行否？”

这些课程无疑让季羡林接触和了解了更多的诗歌作品以及知名诗人，在学习的过程中加深了他对诗的认识，激发了他对诗的兴趣。

在清华就读期间，季羡林接触了很多诗人，既有他自己的诗人好友，也有当时国内的一些著名诗人。季羡林在清华读书时与好友吴组缃、林庚、李长之等人一起被称为“清华四剑客”。用他自己的话说，四个人“方言高论、无话不谈，语不惊人死不休。个个都吹自己的文章写得好，不是梦笔生花，就是神来之笔”。事实上，这四个人并不是一个系，季羡林是外文系，吴组缃和林庚同为中文系，李长之则是哲学系。四人中林庚与李长之都是长期从事诗歌创作，在清华读书期间，林庚出版了自己的诗集，李长之也发表了自己众多诗歌作品，作为好友的季羡林自然是常常阅读了。

1933 年 9 月 1 日，季羡林在日记里写道：“林庚来屋大谈，真是诗人，真是大孩子。”9 月 18 日的日记里，季羡林写下了“林庚的诗集出版了，送了我一本”。这是林庚的处女作诗集《夜》，集中收录了他 1931 年至 1933 年创作的自由体新诗 43 首，时任清华大学中文系主任的朱自清特许作为他的毕业论文，由外文系的叶公超作为他的论文指导老师。于 1933 年 9 月自费出版，俞平伯作序，闻一多设计封面，由开明书店总代售。

1932 年 9 月 5 日，季羡林在日记里写下这样一段话：“回屋后长之来访，他拿了他的近作《一只小鸡儿》给我看，倒确能表现出他的意思来。我以前初次看他的诗的时候，我觉得真好，例如《思峻岑》《懈弛》《我思想这个》《深秋的雨》都是我所极喜欢的。说也怪，当时我觉得，即便与所谓成名的诗人的诗放在一块，也不但不有愧色，而且还要强些。”

此外，季羡林与卞之琳、李广田、何其芳、曹葆华、臧克家、陈梦家等人也有所往来，自然也少不了对他们的诗歌作品一一品读。

1933年8月14日，日记写道："又会到卞之琳。对他的印象也极好。他不大说话，很不世故，而有点近于shy[腼腆]。十足江苏才子风味，但不奢华。他送我一本他的诗集《三秋草》。在一般少年诗人中，他的诗我顶喜欢了。"同年9月18日，日记里记道："卞之琳来，晚上陪他玩了会。"1934年2月25日，写道："晚上之琳来。在长之屋谈话。陈梦家亦来，真有诗人的风趣。有点呆板，说话像戏台上的老旦。谈到熄灯以后才散。"

1933年8月14日的日记还记下了"又到北大访李洗岑，因为我常听长之谈到他，我想认识认识"。22日"晚饭后，与长之长谈，读到林庚的诗和洗岑的诗。洗岑的诗我觉得很好"。日记提及的李洗岑原名李广田，又名曦晨，与"洗岑"谐音，鼎鼎有名的"汉园三诗人"之一。1934年1月25日，日记写道："下车后，就到北大访曦晨。"三日后的日记再次写下："过午，企霞来。听他说之琳、曦晨已经先他而来，为什么我没见到呢？等到六点，不见，乃往林庚处去找，途遇林，又在合作社遇之琳、曦晨。"同年2月18日"访曦晨，遇萧乾及邓恭三"。

二、博览众诗作，一点偏好生

季羡林对诗的兴趣促使他广泛阅读了众多国内外诗人的作品，在阅读过程中也渐渐地对诗有了自己的偏好。

在《清华园日记》中，出现过众多海内外的著名诗人以及诗歌作品，如德国诗人歌德（Johann Wolfgang von Goethe）、海涅（Heinrich Heine）、席勒（Friedrich Schiller），英国诗人乔叟（Geoffrey Chaucer）、罗伯特·布朗宁（Robert Browning）、威廉·布莱克（William Blake）、阿尔加农·斯温伯恩(Algernon Charles Swinburne），美国的爱伦坡（Edgar Allan Poe）、卡明斯（E. E. Cummings），法国的拉封

丹（Jean de la Fontaine）等等，与之相应的是相关的购书或阅读记录。

1932 年 8 月 24 日，日记有这样一段文字：“今天忽然想到买 William Blake[威廉·布莱克] 的诗集，共约一镑十先令，是刊在 *Rare books*[《稀见书目》]。”与之相和的是 26 日日记里的“昨天同岷源约今日同往图书馆找沈先生托往英国购 *William Blake: Songs of Innocence & of Experience*[《威廉·布莱克：〈天真之歌〉和〈经验之歌〉》]。”以及 27 日日记里的“最近我老感到过得太慢，我希望日子过得快一点，好早叫我看到 William Blake[威廉·布莱克] 的诗”。

1932 年 9 月 11 日，日记写道“今天买了本 *Faust* 英译本，一元五”。*Faust* 即德国诗人歌德的代表作《浮士德》。

1932 年 10 月 20 日，日记记道：“我已决意买 Dante[但丁] 全集 (*Temple Classics*[“庙堂经典”丛书] 十二元)、Chaucer[乔叟] 和 *Rubaiyat*[《鲁拜集》] 我本想不买此书，因为已经决定买 R.Browning[勃朗宁] 了。但是一时冲动，没办法，非买不行。我自己作了个预算，今学年买书费不得超过五十元了。”

1932 年 10 月 30 日，日记写下：“结果，买了一本 Heine[海涅] 的诗，一本 Schiller[席勒] 的诗，装订都还讲究，惟因当时未能够把价议妥，吃饭后，心里只是惦念，终于回去买了。”

在广泛阅读的过程中，季羡林对一些诗表达过欢喜，也对一些诗表示了反感，慢慢地对诗有了自己的偏好，发觉自己喜欢那些具有象征的、唯美的诗。

季羡林曾在日记赞赏过卞之琳，对于他的诗，在一般少年诗人中，他是顶喜欢了。与此同时，他也对自己的老朋友李长之以及李广田的诗表示过喜欢之意。此外，他还直言不讳批评过臧克家于 1933 年 7 月出版的处女作诗集《烙印》。日记中对此都有相关记述，摘录几条有代表性的。

1933 年 8 月 27 日，日记里写道：“读臧克家的诗，觉得有些还不坏。”同年 9 月 13 日的日记里写下：“在长之处，看到臧克家给他的信。信上说：羡林先生不论何人，他叫我往前走一步（因为我在批评《烙印》的文章的最末有这样一句话），不知他叫我怎样走——真傻瓜。怎么走？就是打入农工的阵里去，发出点同情的呼声。”再到该年 10 月 31 日日记里的一段文字“前几礼拜，作了一篇《再评〈烙印〉》，是骂臧克家的，不意给曦晨看见了，以为有伤忠厚，劝我不要发表，曹诗人又不退还稿子，我颇为难——昨夜几失眠。”

对于李唯建、陆志韦的诗，季羡林也毫不掩饰地表达了自己的厌恶态度。他在 1933 年 9 月 1 日的日记里写下这样一段话：“晚饭后又同长之到五院顶上去看望。真是好地方。施君亦来，拿了几本李唯建、陆志韦的诗，真肉麻得要命。我真想不到竟有这样坏的诗。”

而对于自己喜欢的诗与诗人，季羡林在日记中也是直截了当地表达出来。1933 年 3 月 18 日，日记里写道“昨晚同 Herr 陈 [陈君] 谈到李义山，说到他是中国象征诗人。我的趣味是趋于象征的、唯美的，所以便把他的全集借了来。”

1932 年 11 月 14 日，日记里这样写道：“最近我才觉到我的兴趣是倾向象征的、唯美的方面的。我在德国作家中喜欢 Hölderlin[荷尔德林]，法国喜欢 Verlaine[魏尔伦]、Baudelaire[波德莱尔]、英国 Blake[布莱克]、Keats[济慈] 以至其他唯美派诗人。不过这些诗人的作品我读的并不多，我所谓喜欢者大半都是 By Intuition[凭直觉]。然而即便如此，他们的天才总是能觉得到的。”

在众多诗人中，他尤为喜欢德国诗人荷尔德林，除了读他的诗歌作品，撰写相关文章，就连毕业论文也是研究他的——《近代德国大诗人薛德林早期诗的研究》（*The Early Poems of Hölderlin*）。在日记中处处可以看到季羡林对于有关荷尔德林事项的记录。

1932 年 11 月 12 日，日记中写下："爬起来，昏昏沉沉的一早晨。把 Hölderlin[荷尔德林] 的 *Die Eichbaume*[《大橡歌》] 找出，想再译一遍，只译了两句，又住了。" 29 日写下："我计划写一篇 'Hölderlin[荷尔德林] 介绍' 和一篇 '新诗的形式问题'。后一篇我是想发起点波澜的。"

1933 年 2 月 21 日，日记记道："决心作 Hölderlin[荷尔德林]。" 23 日日记道："今天借到 Steinen[石坦安] 的 *Tage and Taten*[《日与事》]，因为里面有篇文章讲到 Hölderlin[荷尔德林]。Steinen[石坦安] 说这篇文章非常难懂。借回来后就抄，因为他急着要还回去。" 3 月 11 日写道："一天没课，颇觉闲散。在强制的无可奈何的镇静下，又要想做点事情了。于是想到了 Hölderlin[荷尔德林]。" 18 日写道："晚上看《苦闷的象征》。还想作我对于 Hölderlin[荷尔德林] 的认识。" 19 日又记："早晨读 Hölderlin[荷尔德林] 的诗。"

这些有关荷尔德林的记录，在《清华园日记》中比比皆是，可见季羡林对他的喜爱之情。

三、不道是与非，点点是诗观

对于同一种事物，每个人都有不同的理解和观点，或许有所偏颇，但确是每个人的真实感受和观点，季羡林对诗的观点同样如此。笔者认为对此我们无须评价它的对与错，是与非，只需真实呈现。

季羡林对于诗的审美认识是象征的、唯美的，且以音乐美使读者达到某种共鸣。也正是这种诗歌审美造就了他的诗歌观。他的诗歌观主要包括两个方面：其一是他主张诗是不可解释的，不可了解的；其二是他主张诗要有形式。

一般认为诗是作者将要表达的内容、情感、精神等，诉诸文字，有着固定的文本，可以被解释，被转述。但在季羡林那里，诗不可解释，即便是让作者自己去解释，也解释不出什么东西来，只是似有似无，这么一种幻觉写到纸上而已。如他在 1932 年 11 月 14 日的日记里写的那样，他喜欢荷尔德林、济慈、魏尔伦、布莱克这些唯美派诗人，但读的作品不多，只是靠着直觉，然而，他们的天才之处依然被感知。他在表达诗是一种感觉，无法解释，但读者可以从字里行间觉察。

或许，从另一个角度来看，他认为诗可以有无数种解释，没有固定的。1932 年 9 月 28 日的日记里除了表达自己“诗是不可解释”的主张，在这主张之前还有这么一段文字“今天上叶公超现代诗。人很多，我觉得他讲的还不坏。他在黑板上写了 E. E. Cummings[E. E. 卡明斯] 一首诗，非常好，字极少而给人一个很深的回音。不过，Interpretation[解释] 可以多到无数，然而这也没关系。”

同样，季羡林也认为诗是不可被了解的，诗人表现的是他自己。为此他还曾与好友李长之讨论过，但对方则承认诗是可以了解的，认为诗人所表现的是人类共同的感情。他在隔天 1932 年 10 月 12 日的日记开头发出疑问：“倘若诗表现共同的感情，诗人是不是还有个性？”

在季羡林那里，诗的形式是指韵律、韵脚，从而使得诗具有音乐美。正如后来他在《对于新诗的一些看法》中写的：“诗一定要有诗的形式。这形式可以是脚韵、句中韵、头韵，也可以是诗句内轻音和重音、长音和短音组成的韵律，音节的数目也起作用。”

诗之所以感人，在他看来，大部分原因都要落在音乐成分上。他认为感情虚无缥缈，通过文字表达情感是愚不可及的，但音乐与情感有着一定的相似性，相较而言，音乐能更好地表达情感。可如果不用文字，就没有诗可言，没有办法的办法就是在诗里多加入音乐成分，而中国新诗却刚好忽略了这一方面。因此，他在日记里说，无论别人如何骂徐志摩，他对徐志摩有相当崇拜的地方，因为中国新诗人只有徐志摩试用韵律。同样，这也是他为何在《我和外国文学》一文中提到他最喜欢的诗人之一是法国的魏尔伦。这位有着“诗人之王”美誉的魏尔伦在诗歌上的主张与季羡林不谋而合：首先是音乐，其次是明朗与朦胧相结合。而在中国，他喜欢唐代的李义山、李贺，宋代的姜白石、吴文英，除了遵循韵律的传统，他们都是唯美的，讲求辞藻华丽的。

通过以上陈述，笔者认为季羡林在学习诗歌课程以及广泛阅读诗歌的过程中，慢慢发觉了自己对于象征、唯美诗的偏好，也渐渐形成了“诗是不可解释的、不可了解的”以及“诗要有形式”等诗歌主张。

师友和家庭关系 ▶

1934 年 5 月，季羡林（第一排中）毕业前与大学同学合影

惟有清华可通融

叶　新

季羡林先生在 1932 年 8 月 25 日的日记中提到“入了清华，简直有腚上长尾巴的神气”。确实如此，在 1930 年夏天到北平来投考大学的八九十名山东学子中，只有季羡林和他山东省立济南高级中学的同学王联榜同时取考取清华大学、北京大学（另有一位宫兴廉同学考取了北大）。王同学最终去了北大数学系。为了实现留洋镀金的“出国梦”，季羡林把宝押到了前身为“留美预备学校”的清华大学，于是一脚进了清华园，锁定西洋文学系，最后果然得偿所愿，赢得了“洋博士”的头衔。而在当年全国投考清华的五六千学子当中，只有区区 200 人得偿所愿，录取率在 3% 到 4% 之间。笔者不由得回想起了当时北平各大学中流传的一句谚语——“惟有清华可通融”。

在二十世纪三十年代的北平，有所谓的“五大学”之说，即北京大学、清华大学、燕京大学、北平师范大学和辅仁大学。此外还有诸多的私立学院，其中著名的就有以培养法官闻名的朝阳学院，与东吴大学法学院以“北朝阳，南东吴”并称。除了与清华大学有关的谚语“惟有清华可通融”，北平其他的大学或者学院也有谚语来说明其办学特色，这些谚语从三十年代一直流传到四十年代末，说法各有不同，成为当时大学一道亮丽的风景线。

而到了八九十年代，这些谚语又被二十世纪三四十年代的老大学生屡屡提起。比如1935年毕业于北京大学中文系的张中行先生，1986年出版了《负暄琐话》一书，其中“邓之诚”一文的开头即是：

> 我上学时期，学生界有个流传的韵语：“北大老，师大穷，惟有清华可通融。”这个半玩笑话有言外之意，是，如果有条件，最好上燕京大学。因为那里阔气，洋气，可以充分容纳年轻人的骄矜和梦想。所谓条件，主要是金钱，因为花费多，出生于寒家的上不起。其次是体貌不能很差，因为差得不够格，就会与阔气、洋气不协调。也许还有再其次，可以不管。且说我自己，自知条件不行，所以宁取北大之劳。

张中行因为自觉够不上燕京大学，转而去了北大，其结果是没有听成邓之诚老先生的课。因为邓先生是燕京大学教授，不到北大兼课。他所说的这句韵语，给笔者留下了极其深刻的印象。笔者1994年夏天到北京上班不久即买了这本书，当时已经是第六版了。

1996年4月，笔者又买了邓云乡先生的《文化古城旧事》。所谓的“文化古城”时期，是从1928年到1937年，前后约十年，也许是民国大学发展最稳定的黄金时代。邓云乡是张中行先生正宗的小师弟，1947年毕业于北大中文系。该书有“学府述略”版块，记录了他所熟知的北平学校故事种种，读来饶有趣味。他也记录了与张中行先生说过的类似韵语，不过他称之为“顺口溜”：“北大老，师大穷，燕京、清华可通融。”这里“可通融”的除了清华，还有燕京大学。而在“清华”专节中，他把“燕京、清华可通融”记成了“燕京、清华好通融”。他还说：

> 这几句话前两句话好理解，后面是什么意思呢？是说一些名家闺秀们，各校女生中，在考虑终身大事、物色婚姻对象时，北大、师大毕业生均不在眼中，最好是欧美留学生，不然清华、燕大的毕业生能还可“通融通融”，也就是差强人意了。

在当今北京的大学教育界，也有所谓的“清北人师”四大名校之说，当时也许可以称作“燕清北师”了。其中的变化在于，1949 年之后北大挤占了燕园，又新成立了中国人民大学。邓云乡先生单从当时北平闺秀、女生择偶的角度来谈这四大名校，也给笔者留下了同样深刻的印象。

不过，张中行、邓云乡先生提起的类似谚语并不是他们的首创，而是记录从前的大学旧闻，让笔者不禁有了追索其源头之念。

从目前笔者所见的资料来看，最早的说法起于 1933 年 12 月刊行的《摄影画报》第 46 期。该杂志发表了《北平学生的谚语》（署名：琼之自北平寄），第一则如下：

> “北大老，师大穷，惟有清华可通融。”这句谚语有两种解释，一是男中学生考大学的标准，一是女中学生选爱人的标准。

这句谚语涉及了北大、师大、清华三所顶尖大学，系当时男生选校、女生择偶的标准，不过没有燕京大学。

而《大学新闻》1935 年第 19 期刊登的《穷师大的学生生活》（新子，1935 年 1 月 20 日）则提到：“北平有句很流行的口语，就是‘北大老，师大穷，惟有清华好通融。’”与上文的说法仅有一字之差，也验证了邓云乡先生的“好通融”和“可通融”两说之存在无疑，不过也没有燕京大学。

1935 年 5 月 27 日的《中央日报》刊登了《清华与燕京》（露），提到：

> “北大老，师大穷，清华燕京倒还好。”这三句话北平的学生差不多全知道的。意思是说北京大学的学生都太老了，师范大学的学生又太穷，女学生要嫁人，清华与燕京的学生倒可以对付。在北平人的眼光里，清华和燕京的学生是有钱的，漂亮的和年青的。

我们发现，虽然该文说的也是女生的择偶标准，但是其中加入了燕京大学，而且“可通融”变成了“倒还好”，因此成了“清华燕京倒还好”。不过，这样一来就不押韵了。

《中国学生》1935 年第 1 到 3 期刊登了长文《北平五大学学生生活外观》（范不如），叙述较为详细。其副标题是“北大老，师大穷，惟有清华可通融，辅仁是座和尚庙，朝阳满院法官风”。不过正文中由“可通融”变成了“可融通”，也无法押韵了。而且后面又多了“两句”，分别提到了辅仁大学和朝阳大学。这样一来，有五座大学名列其中，不过没有燕京大学了。该文分了五个标题：“北大老，老在哪里？”“看师大学生穷干的法门”“清华可通融的时代已过去了！”“和尚生涯原是假”“何时始得到公庭？”对这五个大学逐一进行评点，重在说办学特色，与择偶标准无关。而要说最大的特色，当然是辅仁大学只招男生，不愧为“和尚庙”。

与此同时，《汗血周刊》1935 年第 17 期刊登了《师大学生的“穷干”》（时光），提到“北平教育界有个歌子道：‘北大老师大穷，惟有清华燕京可通融。’”前一句不变，后一句同时提到清华、燕京，但不再是对称的七个字了。依笔者的后知后觉，也许改成“惟有清燕可通融”更好。

《青年月刊》1937 年第 5 期刊登的《师大学生和穷的挣扎》，在上文基础上又做了发挥：

> 在北平有句歌子道："北大老，师大穷，惟有清华燕京的小伙儿们可通融。"这句歌子是近代女性们在北平各大学的学生当中择婿的标准。

这样一来，后一句的字数更多，显得就更不对称了。

时代在变化，谚语的内容也在变化。《沙漠画报》1940 年第 21 期刊登一则新闻《辅仁大学自本年度起，男女生合并上课，和尚庙之绰号将成历史上之陈迹》其中专门提到"辅仁是个和尚庙，六根不净休想进门"，而"增添女院使和尚庙旁又添了个尼姑庵"：

> 男女生合班上课，这真是辅仁校史上应大书特书的一件事，辅仁庙的和尚与尼姑全都还俗，今后"和尚庙"与"尼姑庵"之绰号，将成中国教育史上之陈迹！

该文在"辅仁是个和尚庙"后面加了句"六根不净休想进门"，叙述的是从前的历史，现在在设置女院的基础上又推行男女生合班上课，"辅仁是个和尚庙"这句谚语也就不合时宜了。

《东方杂志》1944 年第 11 期刊有《北大与北大人——"北大老"》。作者为朱海涛，即朱文长，是当时在教育界有举足轻重地位的朱经农之子。父亲曾做过北大教授，儿子则是北大学子。他在文章的一开头提到：

> "北大老，北大老，惟有清华可通融！"是北平每一位女学生所熟知的话。我初到北大时自负年青，对这话颇不服气。
>
> 过了些日子有机会出城，走入了清华园，悲哀得很。到这里一比，自己果然老了！他们的学生就是年青，而且许多许多青年得出奇，像

是一群十五六岁的孩子。只管是蓝布大褂，但干干净净的熨得笔挺，一张张红润的笑脸，在宽广无垠的碧草地上闪着，不容易见到北大常见的那种“老气横秋”或“自思自叹”的面孔。

朱海涛自恃年青，不服气“北大老”之说。但到了清华园“实地考察”，又承认自己的“老气横秋”了。

同年出版的《南北》新5期则有《五大特色歌中师大穷赋》，说起：

> 抗战前北平大学中流行一个歌谣：
>
> “北大老，师大穷。
>
> 清华燕京可通融。”
>
> 后来辅大学生又续上两句：“辅仁是个和尚庙，六根不静莫报名。”名为“五大特色歌”。

该文指出，“辅仁是个和尚庙，六根不静莫报名”。是辅仁大学学生的续句，这样就组成了完整的一首诗。可是前两句都各提到两所高校，后两句独尊辅仁，也是辅仁学生的自恋与自大了。还有一点与以前说法不同的是，前面提到是可通融的是“清华燕京”，不是“燕京清华”。因此虽然谚语的主要意思不变，但随着历史的演进，表述也有所增删。

季羡林先生因为去了清华大学西洋文学系上学，实现了他的留德梦，戴上了博士帽。1946年回国后，他因为陈寅恪先生的推荐，直接去北大东语系当了教授兼系主任，1952年则随之去了燕园常驻，则是“惟有北大可通融”了。

记胡适的一次毕业演讲

叶　新

胡适先生是个喜欢演讲也很能演讲的人。1948 年 10 月 7 日的《胡适日记》曾记载："此行在武汉住了三天，讲演了十次，虽然辛苦，我很高兴，很满意。"在唐德刚 1957—1958 年记录的《胡适口述自传》中，专辟一小节"公开演讲的训练"，曾记载他为了做公开讲演的正式训练，在 1912 年夏天选修了一门"训练讲演"的课程，由此开始了他后来有训练的讲演生涯，甚至使得他的学业有所荒废也在所不惜。他认为在美国留学时期的公开讲演对他大有裨益。他发现"公开讲演常时强迫我对一个讲题作有系统的和合乎逻辑的构想，然后再作有系统的又合乎逻辑和文化气味的陈述"。

胡适先生一生演讲无数，不免和西方大学一样，作为名人在中国大学的毕业典礼上发表毕业演讲。本文主要围绕胡适、季羡林、夏鼐的日记记载，着重谈谈 1934 年 6 月胡适在清华大学发表的一次毕业演讲。

一、讲者卖力，听者无意

胡适在 1934 年 6 月 22 日的日记中写道："到清华大学作毕业讲演，汗透了一身衣服。在清华午餐。"晚上回家又"写《大公报》星期论文，《赠与今年的大学毕业生》，两点写成"。他在第二天的日记中又写到"四点到辅仁大学作毕业演讲"。应该是同一个内容在清华和辅仁演讲了两次，而在《大公报》正式发表的则是清华大学这一次演讲基础上的补充完善稿。

此时的胡适，在校身份是北京大学的文学院院长兼中文系主任。他既然为演讲"汗透了一身衣服"，显得十分卖力，那么这一次演讲的效果怎么样呢？我们来看看《夏鼐日记》里是怎么说的。夏鼐是清华大学 1934 级（第六级）历史系学生，他 1934 年 6 月 22 日的日记记载：

> 上午 10 时行毕业礼。来宾演讲是胡适。4 年前在光华时曾听过他在毕业礼上的致辞，这次也不外那套陈话。说"自己有三张药方，好比观音赐予孙行者的三根毫毛，可以给你们将来救急用：（1）多找出几个问题，以作研究；（2）多弄点业余的玩意儿，在职业外发展自己的天才；（3）要有自信心，自强不息，不问收获，但问耕耘"。实则根据自己这几天的经验，毕业即同失业，什么也谈不到。胡适所说的，依旧是局外人的风凉话而已。

四年前也就是 1930 年的夏天，夏鼐在上海光华附中毕业。他认为胡适此次在清华的致辞与四年前他在"光华"听到的演讲类似。光华附中是上海光华大学附属中学，不知道他在这里所说的"光华"是光华大学还是光华附中，抑或是胡适在光华大学的毕业典礼上发表的演讲，而高中毕业生只是也参加了此次毕业典礼。

“那套陈话”指的是演讲关于“三个药方”的主旨。两次演讲的内容基本相同，但是作为听讲者的夏鼐的心态已经不一样了。他说根据自己这几天的经验，毕业就是失业。为什么这么说呢？请看他6月19日的日记：

> 下午与刘古谛、张宗燧、宁有澜、董文立同赴燕京，应陈凤书之邀，聚餐于燕京东门外餐馆，大家都是光华附中同班毕业的，侥幸的能够再叙一处，现在毕业后，更不知后会何时了！宁君已决定赴美国麻省理工大学，陈君下学期毕业后拟赴英国伦敦大学经济学院，刘君拟赴日本庆应大学，张君正在预备考留美，反顾自己的前途，顿生渺茫之感。

夏鼐和光华附中在北京求学的同学们一起毕业聚餐，但是同学们大多有了较好的去处，唯独他自己前途渺茫，就业无门，求学无路，因而认为胡适所说的只是“局外人的风凉话”了。

季羡林与夏鼐同级，不过不同系。前者在西洋文学系，后者在历史系。那么他对胡适的这次演讲是怎么记录的呢？他在同一天的日记中记载“今天早晨行毕业典礼，我没去”。与夏鼐相比，他找到了一只不太好的饭碗，以西洋文学系毕业生的身份去山东省立济南高中当国文教员，乃是不得已而为之。因此即使是他景仰的胡适先生发表的毕业演讲，他也懒得参加了。

有人也许会认为胡适做如此演讲不合时宜，因为此时的日本正对中国虎视眈眈；有人也许认为作为青年导师的胡适已经落伍于时代，毕业演讲是隔靴搔痒；有人也许认为胡适与当时的学生已经颇有隔膜，因为诉求不一。考虑到毕业生前途这一点，只能说演讲者功成名就，有备而来；听讲者前途迥异，各有体会。

二、关于胡适毕业演讲的考辨

前面提到，胡适在1934年6月的毕业演讲中提到了送给毕业生的“三个药方”。而据夏鼐的说法，类似内容的演讲胡适在1930年也同样讲过，但是我们在《胡适全集》中却找不到类似的演讲词，在他的日记里也找不到讲过的痕迹。反而是1929年7月的《中国公学毕业纪念册》刊登有《中国公学十八年级毕业赠言》（《胡适全集》第3卷），可找到后来类似毕业演讲的一些端倪。比如他在文中说要送给毕业同学一句话，那就是“不要抛弃学问”，但是这与后来的“三个药方”之说还是有很大的差异的。

因此，笔者起了念头，想查阅《胡适全集》收入的这次演讲的具体内容，在第四卷中找到了《赠与今年的大学毕业生》一文，主要内容也是“三个药方”。开头一段就提到：“我们祝他们的成功，同时也不忍不依据我们自己的经验，赠予他们几句送行的赠言，——虽未必是救命毫毛，也许做个防身的锦囊罢！”与前面夏鼐在日记中的“自己有三张药方，好比观音赐与孙行者的三根毫毛，可以给你们将来救急用”相比，意思差不多，但是少了“观音赠与孙行者”。这让人有点怀疑是否是同一次演讲。再看页下注是“原载于1932年7月3日《独立评论》第7号”，文后表明的日期是“二十一，六，二十七夜”，也就是“1932年6月27日夜”。

从内容看似乎是同样的内容，从创作和发表日期看差了两年。笔者进一步检索上海图书馆的“民国时期期刊全文数据库(1911—1949)”，确实能查到发表于《国闻周报》第十一卷（1934年）第二十六期的《赠与今年的大学毕业生》，文末注明“录六月二十四日天津大公报星期论文”。

在文章的开头，胡适就说：“两年前的六月底，我在独立评论（第七号）发表了一篇《赠与今年的大学毕业生》，在那篇文章里我曾说，我要根据我个人的经验，赠送三个防身的药方给那些大学毕业生。”随后讲了“三个药方的大概”说：

这是我对两年前的大学毕业生说的话。今年又到了各大学办毕业的时候了。前两天我在北平参加了两个大学的毕业典礼，我心里要说的话，想来想去，还只是这三句话：要寻问题，要培养业余兴趣，要有信心。

但是，我记得两年前，我发表了那篇文字之后，就有一个大学毕业生写信来说："胡先生，你错了。我们毕业之后，就失业了！吃饭的问题不能解决，哪能谈到研究的问题？职业找不到，哪能谈到业余？求了十几年的学，到头来不能糊自己一张嘴，如何能有信心？所以你的三个药方都没有用处！"

但是，胡先生的"诗和远方"不能解决当下毕业生的"苟且"！"毕业即失业"是他们面临的首要问题，吃饭户口是他们的头等大事，所以他的"三个药方"全无用处。因此，对于"这样失望的毕业生"，胡适接下来又开了"第四个药方"："你得先自己反省，不可专责备别人，更不必责备社会。"并举出几个例证来说明主要毕业生有能力，肯定不会被社会埋没。没想到这篇文章引发了社会上对"毕业即失业"的大讨论。直接相关的文章就有徐高阮的《胡适之的青年出路论》（《清华暑期周刊》1934 年第 2 期）、李立中的《大学生失业问题——并质胡适博士》（《新社会半月刊》1934 年第 11 期）、贺岳僧的《大学毕业生出路问题之商榷》（《每周评论》1934 年第 124 期）等。恐离题太远，在此暂不赘述。

从《胡适全集》第 44 卷的"胡适著译系年"来看，1934 年版的《赠与今年的大学毕业生》在后来也曾收入到胡适著作的相关选本，但是安徽教育出版社出版的《胡适全集》却未收，也算是一篇轶文了。或许是编者认为既然篇名相同，内容也会相同的缘故吧。

三、演讲与撰文不同

这里要说的是，演讲和撰文是不同的。1932 年版的《赠与今年的大学毕业生》不知道是否是胡适在某个大学演讲之后又补充成文的结果，因为从胡适的日记、书信等查不到相关的佐证。但从 1934 年版《赠与今年的大学毕业生》的行文来看，应该是胡适在“1932 年版”的基础上在清华大学（1934 年 6 月 22 日）、辅仁大学（1934 年 6 月 23 日）两个大学演讲，又补充写成了给《大公报》的星期论文，刊登在 6 月 24 日的报纸上，因为文中有“前两天我在北平参加了两个大学的毕业典礼”。不过在清华大学的演讲是“过去时”，在辅仁大学的演讲是“将来时”，因为据日记记载，该文是 6 月 23 日凌晨两点写成。

如果按夏鼐1934年6月22日的记载，胡适只讲了“三个药方”。那么“第四个药方”其实并没有在清华大学的毕业演讲词中出现过，抑或胡适的这次演讲只是对 1932 年版《赠与今年的大学毕业生》的照本宣科，或者有所展开。“第四个药方”及后面的例证只是在给《大公报》写的星期论文中发挥的。因为没有对这次演讲的现场记录，因此也无从考证。

四、“三个药方”偶尔重提

就“三个药方”的毕业演讲而言，1960 年 6 月 18 日，胡适还在台南成功大学的毕业典礼上演讲过，从其口吻而言，是胡适的现场讲演由人记录而成，发表在第二天的《中央日报》上，主要内容与 1932 年版的《赠与今年的大学毕业生》的相似。在这次演讲中，他老调重弹，说“我要送你们的小礼物只是一个防身的药方，给你们离开校门，进入大世界，作随时防身救急之用的一个药方”。

从胡适的演讲题目《一个防身药方的三味药》来看，“三个药方”变成了“一个药方”。但是这个“防身药方”有“三味药”：“问题丹”“兴趣散”“信心汤”，其实还是“三个药方”，换词不换药。“问题丹”对应的是 1932 年版的“总得时时寻一两个值得研究的问题”；“兴趣散”对应的是“总得多发展一点非职业的兴趣”；“信心汤”对应的是“你总得有一点信心”。其中的例证替换或者另加了不少，比如在“兴趣散”里，除了弥儿（J.S. Mill）和斯宾塞的例子，还列举了英国首相丘吉尔和美国总统艾森豪威尔。在“兴趣散”里，加了美国汽车大王亨利·福特的例子，并阐述了“航空工程与航空工业的历史”。因为台南成功大学是一所工科大学，胡适演讲的对象是“学工程的青年人”。

1932 年版《赠与今年的大学毕业生》的最后一句是“成功不必在我，而功力必不唐捐”。而在 1960 年的这次演讲中，他先说了“功不唐捐”，最后一句是：“青年的朋友，你们有这种信心没有？”70 岁的胡适，还是一副不老的“青年导师”风范。

（原载《文史杂志》2017 年第 5 期）

季羡林的同班同学

叶　新

季羡林先生考入清华大学外国语言文学系，属第六级（即“1934级”），1930年秋天入学，1934年夏天毕业。这一年，他同时考上了清华和北大，为什么最后选了清华，按季羡林的说法，“为了想留洋镀金，我把宝压在了清华上”；为什么要进西洋文学系（后改为外国语言文学系）？季羡林给出的理由是“外国教授多而驰誉学坛，天下学子趋之若鹜”。相信季羡林的同系同学都抱有同样的想法。

季羡林在《清华园日记》“引言”中说：“清华报考时不必填写哪一个系。录取后任你选择。觉得不妥，还可以再选。我选的是西洋文学系。”那么，有多少人入学后报考了外文系呢？按季羡林的同班同学王岷源1988年在《五十八年的友谊：怀念我敬佩的学长施谷同志》一文中的回忆：“在

1930 年夏天和我一起考上清华大学外国语言文学系的仅有十九人，到了 1934 年毕业时就只有十八人，其中有两人还是中途插班过来的。”因此和季羡林同过班的同学中，并不是每个人都和他“同进同出”。如果王岷源为此提供了一种说法的话，我们将在此基础上做一番考证。

按王岷源的说法，第六级刚入学分系就有 19 个人选外文系，这在当时的文学院是人数最多的了。到 1934 年夏天毕业时，文学院第六级（41 人）的毕业生分系统计及比例如下：中国文学系（9 人，22%）、外国语言文学系（18 人，44%）、哲学系（4 人，10%）、历史系（6 人，15%）、社会学及人类学系（4 人，10%），其中外文系绝对是第一大系。但与上一届也就是钱锺书所在的第五级相比，无论是人数还是比例都要有所逊色。当时文学院 53 名毕业生中，外文系 27 人，占总数的一半还多。不过，在清华大学文学院中，无论是入学还是就业，无论是人数还是比例，外文系始终是第一大系。

将《清华大学史料选编》第二卷（下）刊登的“一九三〇年录取新生名单”和随后的《国立清华大学第六级毕业生一览》比对，二者皆有也就是“同进同出”的是：张君川、陈兆祊、季羡林、何凤元、陆以循、吕宝东、施闳诰、唐锦云、左登金、王岷源、吴景芳、武崇汉，总计 12 人，因此王岷源上述“19 人”的说法不确。其他毕业生中，邹立琛情况不详，张章达本为 1929 级新生留级而来，陈光泰、崔金荣、尤炳圻 3 人均为 1931 年从他校转专业而来，彭国元则是 1929 年转来清华，但留级到了季羡林他们班。

除此之外，季羡林还有一个同学不得不提。他在《清华园日记》1932 年 8 月 25 日的日记中提到“阅报见姚锦新（我们系同班女士，钢琴家）出洋，忽然发生了点异样的感觉”。姚锦新是国务院副总理姚依林的姐姐，1930 年与季羡林一起进校，但选的是政治系，第二年才转到外文系，但是后来中断清华的学业，去了柏林音乐学院专攻音乐 5 年，回国后曾与清华才子、与季羡林同去德国攻读博士学位的第五级学生乔冠华谈过恋爱，在美国曾经与文学家陈世襄结过婚，最终回国当了中央音乐学院教授，成了一代著名音乐家。

再说毕业，按王岷源的说法是“18 人”，这与《国立清华大学第六级毕业生一览》公布的名单是一致的。“第六级”到 1934 年共入学 235 人，毕业 134 人，占 57%，真是严进严出啊！外文系有 18 人毕业，这个比例就相当高了，因为同期历史系只毕业了 5 人，不过出了吴春晗（即吴晗）这样的历史学家、夏鼐这样的考古学家，而两人的特点都是转学生。

从钱锺书所在的“第五级”（1933 级）来看，到 1933 年共入学 267 人（含 1929 年备取 19 人），毕业了 172 人，占 64%；外文系有 27 人毕业，而同期中文系毕业了林庚等 5 人，哲学系毕业了乔冠华、周辅成等 4 人。

外文系第六级的毕业出路如何呢？主要还是当中学英语老师为多。《清华暑期周刊》1934 年第 3/4 期刊登了一篇《得其所哉》的文章，对西洋文学系 9 位研究生的毕业出路做了如下报道：

> 施闳诰：上海立达学园英文教员；
> 武崇汉：保定培德中学英文教员；
> 左登金：绥远省立第一中学英文教员；
> 季羡林：山东省立济南高级中学国文教员；
> 何凤元：天津扶轮中学英文教员；
> 王岷源：投考本校研究院；
> 陈光泰：投考本校研究院；
> 崔金荣：河北省立第四中学英文教员；
> 尤炳圻：赴日留学。

再加上左登金在绥远归绥中学当英文教员，吴景芳在北平东北中山中学当英文教员。在 8 位担任中学老师的同学中，季羡林舍易就难，因为他学英语、德语而做国文教员，似乎抢了中文系毕业生的饭碗，也是不得已而为之。因为他除了德语四年全是“E”（即“超”），其他成绩并不是太好。王岷源和陈光泰两位则因为成绩优异，投考了本校研究院外国语文学部，而何凤元和吕宝东随后也步了前者的后尘。哪想到季羡林借着本系本级唯一的德语专门化毕业生之名，一年以后去了德国留学，还用了六年时间攻下了估计是同班同学中唯一的博士，并以极高的学术成就获得了陈寅恪先生的欣赏和推荐，1946年去北大当了东语系教授，开始其辉煌的学术生涯。

从后来的学术地位、名气、职位来看，在清华外文系第六级毕业生中，除了季羡林，唯有王岷源、张君川、施闳诰和崔金荣了。

季羡林在班上和王岷源、施闳诰这两人走得很近，因为有上大三、大四时一起给吴宓主编的《大公报·文学副刊》供稿的经历。但季羡林对他俩都颇有怨言，时不时躲在日记里说他俩的“坏话”。比如1932年9月8日的日记是这么说的：“在我认识的西洋文学系同班中，我没有一个看得上的。Herr王[王君]脾气太神经质，注意的范围极小。Herr施[施君]简直是劣根性，这种劣根性今天又大发作。”再比如1933年8月31日的日记是这么说的：“同施、王诸君（所谓我们这个group[群体]）总觉得不自然，虽然同班三年，但了解一点谈不上。我以前以为或者自己太隐藏了，不让别人了解。但是倘若同他们谈两句真话，他们又要胡诌八扯了。只要你一看那红脸的样子（王）和嘴边上挂着的cynical[嘲讽般的]浅笑（施）也要够了。”

王岷源在《五十八年的友谊》一文中自述说，为了公平起见，清华大学校方“规定清华毕业生不管大学分数如何，一律与外校毕业生同样参加研究生入学考试”。季羡林“记得那年外语系共录取7名研究生，前4名都是本校毕业的，我侥幸居第一”。从清华大学研究院毕业后，1936年王岷源考上了清华公费留美，到第三年才辗转去了美国留学，拿下耶鲁大学的英美文学硕士学位，回国后长期担任北京大学西语系教授，但著作并不多。

施闳诰大三一开学就出了本书《诺贝尔文学奖金与历届获奖者》，送了一本给季羡林，引得后者说要“打算替他吹一吹”（见 1933 年 1 月 12 日《清华园日记》）。不过毕业后他很快走上了革命道路，并改名为施谷。1949 年建国后，他长期在外交界任职，1978 年被院长胡乔木调入中国社会科学院，筹办西欧所，并担任负责人、顾问等职。这两位的职业是和外语专业最挨边的了。

接下来就是张君川和崔金荣这二位。前者 1940 年到浙江大学外文系讲授德文、俄文和戏剧。解放后到杭州大学外语系任教，与朱雯教授一起主编《莎士比亚词典》，成为公认的中国“莎学”泰斗。后者改名“崔金戎”，抗战胜利后也曾在北大任教。后来不仅在北京外贸学院当了教授，而且为商务印书馆的“汉译世界学术名著丛书”贡献了《长征记》（色诺芬著）。

杨祖功的《欧洲研究所创始人施谷老师琐忆》曾记载，谈到他的同学季羡林时，施谷发出感叹说：人家出国留学，成了专家。现在学术兼职就有 30 多个，我则成了个“万金油”干部。与他颇有同感的是胡乔木。同级的历史系新生胡乔木（当时叫胡鼎新）刚一入学，就劝季羡林参加革命活动，季羡林自认为是父亲和叔父“两房承一子”“觉悟低，又怕担风险”，只能让胡乔木失望地走了。在六十年后两人最后一次见面时，胡乔木极力赞扬季羡林在学术研究方面取得的成就，季羡林顿时感到惶恐不安起来，就说：“你取得的成就比我大得多而又多啊！”对此，胡乔木没有多说什么话，只是轻微地叹了一口气，慢声细语地说：“那是另外一码事儿。”值得一提的是，和施、胡一样从事过革命活动的还有何凤元，在校期间担任过中共清华地下党的支部书记，1935 年 6 月调入北平市委工作，在“一二·九”运动中作为北平市委组织部长指导了这次运动。解放后，他担任了新中国第一任民航局局长、中国驻国际民航组织首任代表，不幸于 1977 年因癌症去世。

除了这些革命者，季羡林他们班还有一个在抗战期间跟周作人、钱稻孙走得很近的同学，这就是尤炳圻。他是清华第一级学生李健吾的内弟，姐姐尤淑芬也是 1934 级化学系学生，不过她在毕业前夕因为结婚怀孕而辍学。1930 年秋天，他考上了北京师范大学国文系，第二年才转到清华大学外语系。1934 年毕业后，他东渡留学日本东京帝国大学研究院，研究英国文学和日本文学。他曾经翻译了英国的著名童话《杨柳风》（即《柳林风声》），在开明书店出版，叶圣陶为之作序。他还翻译了日本文豪夏目漱石的《我是猫》，向中国读者第一次介绍了这部日本文学名著。周作人“落水”后，他随之当上了伪北京大学文学院秘书，并担任日文系副教授，代替系主任钱稻孙管理系务。抗战胜利后，他并未被深究。1950 年后，他担任西北师范学院中文系教授，继续译介日本文学，直至 1984 年去世。

有意思的是，本班还出了姚锦新、陆以循、唐锦云三位音乐家，与他们本来学的外语专业，也是“另外一码事儿”了。其中的陆以循 1934 年毕业后考取了日本东京音乐学院上野分校，专攻小提琴演奏，1936 年回国。上海报刊曾有过“北有马思聪，南有陆以循”之称。1950 年以后，他担任清华大学音乐系主任一直到退休，长达三十五年之久。

遗憾的是，虽然在外文系第六级同学中，季羡林先生是最长寿的一个，晚年专文回忆了李长之、胡乔木、吴组缃等校友，但是目前并没有发现季羡林对他的同班同学的专门回忆。虽然想来很奇怪，但个中缘由就不得而知了。

（原载 2017 年 3 月 19 日《南方周末》）

从《清华园日记》看“清华四剑客”

王佩芬

清华大学是中国著名的高等学府，历史悠久，人才辈出，从中涌现的各行各业杰出人物数不胜数，由此也流传出了诸多异彩纷呈的人物轶事。仅仅是关于清华“三剑客”“四剑客”的故事，就有过多个不同的版本和说法。其中影响比较大的“清华四剑客”一说，指的是 20 世纪 30 年代在清华园内读书求学的季羡林、李长之、林庚、吴组缃四人，他们在学生时代交往密切，形成了一个小团体，后来也都成为了卓有成就的学者、作家、诗人，留下了一段文学史和学术史上的佳话。

关于季、李、林、吴四人的“清华四剑客”这一称号，似乎并非从他们清华园求学的时代就开始流传的说法，至少目前没有找到相关的直接证据。1994 年 1 月 11 日，吴组缃去世；2 月 2 日，季羡林写了一篇文章《悼组缃》，其中提到：

距今六十四年以前，在三十年代的第一年，我就认识了组缃，当时我们都在清华大学读书。岁数相差三岁，级别相差两级，又不是一个系。然而，不知怎么一来，我们竟认识了，而且成了好友。当时同我们在一起的还有林庚和李长之，可以说是清华园“四剑客”。大概我们都是所谓“文学青年”，都爱好舞笔弄墨，共同的爱好把我们聚拢在一起来了。①

从这段话可以看出，季羡林提到“四剑客”，更多的是一种事后回顾和比喻的意味，而非当时就流传着的说法。这一点在季羡林2001年写的《追忆李长之》一文中表述得更为明确：

我同长之往来是很自然。但是，不知道是怎样一来，我们同中文系的吴组缃和林庚也成了朋友，经常会面，原因大概是我们都喜欢文学，都喜欢舞笔弄墨。当时并没有什么“清华四剑客”之类的名称，可我们毫无意识地结成了一个团伙，则确是事实。②

可见，当时虽然没有“清华四剑客”的说法，但他们四人结成了一个比较紧密的小团体毫无疑问是事实。这一团体之所以能形成，有赖于他们四人共同的对文学的兴趣爱好。但具体他们四人是怎么走到一起的，在季羡林的回忆文章中并没有详细提及。有意思的是，季羡林读的是西洋文学系，自然与文学关系密切，但对于其他三人来说，文学并不是他们的本行；李长之读的是生物系，后来转到了哲学系；林庚是从物理系转到了中文系；吴组缃则是从经济系转到了中文系。四人中有三个是转系生，且专业跨度较大，而日后他们都成为了文史领域的学术大家，这其中当然充满了偶然

① 季羡林．季羡林全集：第 2 卷 [M]. 北京：外语教学与研究出版社，2009：337.

② 季羡林．季羡林全集：第 3 卷 [M]. 北京：外语教学与研究出版社，2009：267-268.

因素，但想必其中也不乏一些有趣的故事和引人深思的细节。

若要考察“清华四剑客”在20世纪30年代求学阶段的真实交往经历，季羡林的《清华园日记》便成为了最有力的材料支持。季羡林高中就有记日记的习惯，后来有一段时间停记。1932年8月22日，季羡林恢复记日记，到1934年8月11日，季羡林毕业回济南，这一部分就是《清华园日记》，记录了季羡林大三、大四两年的生活经历。多年之后，季羡林曾依据一句不删、一仍其旧的原则出版了自己在清华园读大学的日记，希望可以从一个身历其境者的角度最真实地还原那个年代清华园里的故事，由此这本《清华园日记》也成为了研究季羡林生平经历和学术道路、研究20世纪30年代清华大学校史的重要资料。

从季羡林《清华园日记》所展现的内容来看，李长之的出现频率要远远高于林庚、吴组缃。这自然是因为季羡林和李长之本就熟识。李长之是季羡林八九岁时就认识的小学同学，后来两人又一起走入清华园求学，关系渐渐变得密切。在《清华园日记》中，李长之是第一个出现的人名，也是出现频率最高的人名之一。日记中除了季羡林和李长之相处的琐碎小事之外，也随处可见二人的日常闲谈和学术探讨，虽然观点有时不尽相同乃至针锋相对，但总的来说还是谈得比较尽兴和投缘的，如1932年12月6日日记：“长之来谈，灯熄后，继之以烛，兴会漓淋。”同月11日日记：“长之来谈，烛继电。”熄灯之后以烛继电的长谈，这样的表述让人不禁心生浪漫和向往之感。谈话的内容则无所不包，日记中主要表现了以下几个方面。

一、对人物的臧否褒贬。这里面不仅包括身边的师长同学，也涉及了当时的文坛名人。如他们对老师杨丙辰的评价（1932.8.25），对诗人徐志摩的评价（1932.8.26）。在谈到前辈学人王静安时，长之认为，一个大学者的成就并不怎样神奇，其实平淡得很，只是一步步走上去的。这最少给我们一点兴奋剂，使我们不致自甘暴弃。这给季羡林带来了很大的鼓舞，让他“回家后，心情大变”（1933.7.1）。纵观季羡林后来的学术生涯，其实也正印证了李长之的这一句话。

二、对生活的感悟反思。如长之认为要多创作东西卖钱，经济独立才能脱离家庭的压迫，季羡林表示认同（1932.8.23）；季羡林在因为贫病交加的家庭烦闷之时给李长之写信说：“我前途看不见光明，我渐渐发见自己是一只鸭子，正在被人填着，预备将来宰了吃肉。”（1933.6.18）。

三、对文学的相互研讨。如季羡林把自己翻译的《从 Marlowe 到 Goethe 浮士德传说之演变》拿给长之看，李长之认为季羡林的译文里没有虚字（1932.8.30）；李长之也会把自己写的诗歌《一只小鸡儿》拿给季羡林看，季羡林则觉得他的诗涩化了也深刻化了，不输成名诗人（1932.9.5）；季羡林想要写一篇关于周作人的文章，与李长之讨论，结果受到启发，发现了自己的大前提和周作人自身观点的矛盾之处（1932.10.11）；季羡林认为诗是不可了解的，诗人所表现的是 himself，但李长之则认为诗人所表现的是人类共同的感情（1932.10.11）。此外还涉及了很多关于创办刊物、组织社团、投稿文章、撰写评论、参与编校、外文翻译等文学实践方面的内容。

与李长之的相处对季羡林产生了一定的影响。一方面，李长之勤于思考的习惯潜移默化地对季羡林产生了熏陶。在 1932 年 11 月 5 日的日记中，季羡林写道：“回屋后又到长之屋闲谈。我开始觉得，我现在才为多思苦，都是受长之的影响。然而，每次冥想一件问题，总是因牵扯过多，得不到结论。于是我又想到 no prejudice，no opinion。”从这条日记可以发现李长之身上的哲学家气质，他从生物系转到哲学系有其自身性格特质的影响。另一方面，与李长之的相处鼓励了季羡林的创作灵感，激发了季羡林在文学领域成就事业的野心。如 1933 年 7 月 27 日日记：“我每在精神衰颓到极点的时候，非有外来的 inspiration 不能振作起来，而 inspiration 的来源往往是长之。”1933 年 11 月 25 日日记：“我最近很想成一个作家，而且自信也能办得到。说起来原因很多，一方面我受长之的刺激，一方面我也想先在国内培植起个人的名誉，在文坛上有点地位，然后再利用这地位到外国去，以翻译或者创造，作经济上的来源。”在季羡林最初的文学创作中，李长之也在一定意义上扮演了“导师”的角色，季羡林觉得写文章很困难时，李长之鼓励他说不要想它困难自然就不困难了（1933.12.5），季羡林不知道自己以目前状态写作可不可以的时候，李长之会帮他判断这样写下去是可以的（1933.12.8）。整本《清华园日记》中，基本上季羡林写的每一篇散文都给李长之看过，听取其意见，当然二人的意见会有不一样的地方，不同想法的碰撞也拓宽了季羡林文学创作的视野。

在日记中季羡林也提到了他自己对于李长之的评价。作为多年相处的老乡和志同道合的学友，季羡林对李长之的认识可谓是较为客观全面而又一针见血的。季羡林当然很认可李长之在文学和哲学方面的才能，但另一方面，季羡林在日记中不止一次提到李长之有很大的成见乃至偏见，有意气用事之状。如 1932 年 8 月 31 日日记：“我对长之总不满意，某人要对他好，他总捧他，我还是说他 Prejudice 太大。”1932 年 9 月 12 日日记：“长之成见之深，无与伦比，每发怪论以自得。”这甚至一度让季羡林对李长之“感到讨厌”，如 1932 年 9 月 27 日日记：

> 最近我愈加对长之感到讨厌。昨天他忽然对我说，他要联络同乡，以据得某种权利，而与“南方小子”斗争，真没出息。说实话，以前我一向以他为畏友，不意他的劣根性也极深，主观太深，思想不清楚，对不懂的事情妄加解释，又复任性使气（Toss 为例），真是出乎意料之外呵！

季羡林眼中的李长之这种偏见和任性，与其身上的诗人、哲学家气质是相通的。李长之性格上有一种浪漫的、不愿受约束的气质。在《追忆李长之》一文中，季羡林写道：

长之最初入的是生物系，看来是走错了路。我有一次到他屋里去，看到墙上贴着一张图，是他自己画的细胞图之类的东西，上面有教员改正的许多地方，改得花里胡哨。长之认为，细胞不应该这样排列，这样不美。他根据自己的审美观加以改变，当然就与大自然有违。这样的人能学自然科学吗？于是他转入了哲学系。又有一次我走到他屋里，又看到墙上贴着一张法文试卷。上面法文教员华兰德老小姐用红笔改得满篇红色，熠熠闪着红光。这一次，长之没有说法文不应该这样结构，只是苦笑不已，大概是觉得自己的错误已经打破了世界纪录了吧。从这两个小例子上，完全可以看出，长之是有天才的人，思想极为活跃，但不受任何方面的绳墨的约束。这样的人，做思想家可能大有成就，做语言学家或自然科学家则只能有大失败。长之的一生证明了这一点。①

这与《清华园日记》中季羡林认为李长之“主观太深，坚持自己的意见”（1932.10.22）是一致的。在李长之对季羡林抱怨了生物学习方面的灰心之后，1932 年 10 月 23 日，季羡林在日记中表示“我看他有转入哲学的倾向”。果不其然，李长之转到了哲学系。季羡林在 1932 年 11 月 21 日的日记中写道：

长之对哲学发生了兴趣，简直是个奇迹。他才入清华时，他根本不承认哲学的存在，只有科学。现在对生物学感到厌倦（我想，大部分原因，是他干生物，他自己说，吃力也没有成绩，不相近），然而

① 季羡林 . 季羡林全集：第 3 卷 [M]. 北京：外语教学与研究出版社，2009：267.

也可以证明他以前对哲学并不认识，只是无聊的prejudicially攻击。前天他曾同我谈到这问题，他说他要转系——哲学系，今天果然转了。以前他只要谈到生物系，总是比别的系好，无论什么都好。现在刚转哲学系，于是哲学系又变得好了——我想，他的这种倾向是非常显著的。只要他认识的朋友，也不许别人说半句坏话，虽然那个朋友满是缺点，在别人眼中。

可以看出，季羡林和李长之二人相互之间都是很了解的。在季羡林的大学生活中，李长之占了很大一部分比重。李长之是季羡林大学时代为数不多的朋友，在日记中季羡林曾写道："我总觉得，只有同长之谈话的时候，才能听几句人话，几句'通'话。"（1933.7.13）通过李长之，季羡林对文学发生了很大的兴趣，并借由李长之在文坛的人脉拓宽了自己的朋友圈和视野，认识了诸多当时的前辈作家和文学青年，这里面就包括同属于"清华四剑客"的林庚和吴组缃。

林庚第一次出现在《清华园日记》是在1933年8月22日："晚饭后，与长之长谈，读到林庚的诗和洗岑的诗。"之后在同月31日，林庚来找，季羡林与之交谈，给出了"觉得人极好"的评价。当天季羡林、李长之、林庚三人就创办刊物的事情进行了讨论。第二天林庚又来，季羡林在日记中写道："林庚来屋大谈，真是诗人，真是大孩子。在别人面前，自己总时时刻刻防备着，只有在他面前，我觉着不用防备了。"由此可见林庚和季羡林的相识很有一见如故的意味。之后两人就开始了文学和日常生活上的往来，比如林庚给季羡林送诗集（1933.9.18），林庚季羡林吃大餐（1933.9.20），季羡林帮林庚译诗（1933.11.9）以及日常的谈话、散步、闲扯等。

吴组缃第一次出现在《清华园日记》是在1934年1月2日："午饭后，同长之到西柳村去访吴组缃，他太太来了，谈了半天。"据季羡林《悼组缃》一文，吴组缃在中学就结了婚，上清华时家眷也跟着一起来了，当时还有一个三四岁的女孩，小名叫小鸠子[①]。从日记的口吻中似乎不太能确定这一次是否是季羡林和吴组缃的初次相识。之后季羡林日记中开始多次提到吴组缃，主要包括季羡林与李长之、吴组缃等人的交流讨论，以及参与郑振铎组织的文学季刊社活动，如 1934 年 1 月 6 日日记："今天文学季刊社请客，我本来不想去，长之劝我去，终于去了。同车者有林庚、俞平伯、吴组缃。"1934 年 2 月 27 日日记："过午同吴组缃、长之到郑振铎家里去玩。踏着雪，雪还在纷纷地下着，非常有意思。上下古今地谈了半天，在朦胧的暮色里我又踏着雪走了回来。"1934 年 4 月 5 日日记："长之说，吴组缃说《兔子》写得好极了，他读了很受感动——这也使我高兴。"1934 年 6 月 22 日日记："晚饭前在长之屋〈与〉露薇、组缃、宗植讨论到创作时的理智与感情的衡量，讨论了半天，结果归结到生活再改变，作品不能改变。"

以上就是《清华园日记》中关于"清华四剑客"的主要记载。事实上在 1934 年 8 月 11 日之后，到季羡林德国留学之前，一年多的时间里，"清华四剑客"依然保持着密切的联系，这在季羡林日记中也有体现，如季羡林与李长之的书信往来，李长之替季羡林报名清华与德国远东协会交换研究生项目，林庚给季羡林寄去自己的诗集《春野与窗》，林庚结婚请季羡林等人吃糖果西瓜，吴组缃读了季羡林写的《母与子》之后大哭，随即让妻子回乡陪母亲，等等，限于篇幅，此处不再详述。

季羡林曾在《当时只道是寻常》这篇散文中写道："所谓'当时'者，指人生过去的某一个阶段。处在这个阶段中时，觉得过日子也不过如此，是很寻常的。过了十几二十年或者更长的时间，回头一看，当时实在有不

① 季羡林 . 季羡林全集：第 2 卷 [M]. 北京：外语教学与研究出版社，2009：339.

寻常者在。”[①] 或许对于清华园求学时的季羡林来说，“四剑客”之间的谈笑阔论正是当时一件寻常之事，所以在《清华园日记》中并没有对四人之间的具体交流内容进行过多的记录。时过境迁之后，随着人生的迟暮和老友的离散，季羡林在回忆文章中追想那激扬文字、挥斥方遒的岁月，才发觉那是一段并不寻常而又不可复得的韶华。在《追忆李长之》中，季羡林回忆道：

> 我们会面，高谈阔论，说话则是尽量夸大，尽量偏激，“挥斥方遒”，粪土许多当时的文学家。有一天，茅盾的《子夜》刚出版不久，在中国文坛上引起了极大的震动。我们四人当然不会无动于衷，就聚集在工字厅后面的一间大厅里，屋内光线不好，有点阴暗。但窗外荷塘里却是红荷映日，翠盖蔽天，绿柳垂烟，鸣蝉噪夏，一片暑天风光。我们四人各抒己见，有的赞美，有的褒贬，前者以组缃为代表，后者的代表是我。一直争到室内渐渐地暗了下来，已经到了吃晚饭的时候了，我们方才鸣金收兵。[②]

可以看到，“四剑客”对于文学和作家的臧否各自有各自的准则和思考，不会盲从他人，不会迷信权威；相互讨论起来是一种和而不同的气氛，在思想的碰撞中激发别人，促进自己，而不是强求别人与自己观点一致；气氛则十分热烈投入，让人不觉时间流逝。在《悼组缃》中，季羡林则回忆了“四剑客”互相交流创作成果的一则例子：

> 我们“四剑客”是常常会面的，有时候在荷花池旁，有时候在林荫道上，更多的时候是在某一个人的宿舍里。那时我们都很年轻，我

① 季羡林．季羡林全集：第 3 卷 [M]. 北京：外语教学与研究出版社，2009：394.

② 季羡林．季羡林全集：第 3 卷 [M]. 北京：外语教学与研究出版社，2009：268.

的岁数最小，还不到二十岁，正是幻想特多，不知天高地厚，仿佛前面的路上全铺满了玫瑰花的年龄。我们放言高论，无话不谈，“语不惊人死不休”。个个都吹自己的文章写得好，不是梦笔生花，就是神来之笔。林庚早晨初醒，看到风吹帐动，立即写了两句话：

破晓时天旁的水声

深林中老虎的眼睛

当天就念给我们听，眉飞色舞，极为得意。他的一篇诗稿上有一个“袭”字，看上去像是“聋”字。长之立即把这个“聋”字据为己有。原诗是“袭来了什么什么”，现在成了“聋来了什么什么”。他认为，有此一个“聋”字而境界全出了。[1]

“清华四剑客”是一个事后追忆而来的称呼，凝聚在这个称呼之中的，是曾经四个年轻的大学生的求学之路。回顾《清华园日记》中的“清华四剑客”，其精神内核可以概括为：年轻敢为、不畏权威、热情纯粹、日进日新。他们带着对文学的满腔热爱，带着年轻人的冲劲儿和生命力，纯粹地喜欢着、追求着自己想要的东西，不服从于路途上的任何陈规旧俗和权威话语，每一天都在进步，每一天都在焕发出一个新的自己。这样一种“日进日新”的精神，正是他们四人之后都在各自的研究领域取得了卓越的成果、并保持了长久的学术生命力的重要原因。李长之从生物转哲学，参与大量报刊杂志的编审工作，从事文学研究批评的同时，还在写诗、写散文、写童话，翻译外文书籍，晚年还参与了《红楼梦》的注释和《新华字典》的修订等工作，既是一个“能者多劳”式的学者，又是一个学者型的作家。林庚和吴组缃则在北京大学中文系成为同事，从事教学研究工作，桃李满天下，二人后来与王瑶、季镇淮并称“北大中文四老”。至于季羡林更不

① 季羡林．季羡林全集：第 2 卷 [M]. 北京：外语教学与研究出版社，2009：338.

用多说，横跨多个学术领域，一生笔耕不辍，即便到了晚年也依然在不断地产出重量级的学术成果。他们不仅仅是在年轻的时候有“日进日新”的精神，更是把这样一种精神贯穿了一生。他们每一个人的学术生涯都证明了这一点。如今，昔日的“清华四剑客”均已离开人世，昔日的清华园如今也成为了名校、老校。时间的流逝会带走一些东西，也会使一些东西褪色。年轻的事物终将变得老旧，这是自然规律，不可更改。但如果我们能像“清华四剑客”一样保持着“日进日新”的精神，小我的生命每一天都在进步、每一天都在焕发新生，更新的速度超越时间的流逝，又何尝不是一种永远年轻！这样一笔精神财富正是今日回顾探讨“清华四剑客”的意义所在，也在此以“日进日新”四个字与诸君共勉。

“众红”何解

叶　新

季羡林的《清华园日记》大多是在当天晚上睡觉之前记的，不少地方记得比较简略，以致今天的我们有时难以理解。大家来看 1934 年 6 月 15 日的日记记载：

> 今天我们西洋文学系同班在城里聚餐、照相。九时同众红一齐进城。先同吕、陈二君同逛太庙铁路展览会，直逛至十二时。
>
> 到中原去照相，到大陆春去吃饭。饭后到北海漪澜堂坐了半天。晚上宿朝阳。

这天的日记主要是关于季羡林他们班在北平城里的活动记录。可是其中的“众红”“中原”“大陆春”“朝阳”到底是指什么呢？大部分人看到这里肯定是一头雾水。笔者根据自身的研读体会，试图为大家解读之。

“中原”即民国时期北平的中原照相馆，在王府井大街上。而“大陆春”即民国时期北平的淮扬菜馆大陆春饭庄，位于西长安街一带，被称为“长安街十二春”之一。据载，1931年4月的一天，在叶公超等同事的陪同下，朱自清曾在此与后来成为他第二任妻子的陈竹隐相亲。“朝阳”即当时北平的“野鸡大学”朝阳大学，季羡林有几个山东老乡在这里就读。

“到中原去照相，到大陆春去吃饭。饭后到北海漪澜堂坐了半天。晚上宿朝阳。”这句是说：进城的当天下午，季羡林他们班的全班同学先到王府井大街上的中原照相馆照全班毕业照，照完后到西长安街上的大陆春饭庄吃饭，饭后就到北海公园的漪澜堂消消食。晚上，季羡林就到位于海运仓的朝阳大学去借宿。

最难理解的就是“众红”了。笔者考证，“众红”即“一群混蛋”之意，季羡林以此戏称他所在的清华大学西洋文学系第六级的全班同学。“红”是“红豆”的简称，而“红豆”乃“混蛋”的对音，同学之间用以互相取笑。

“混蛋”或者“浑蛋”也是季羡林常用的口头禅。他在日记中借之骂同学，比如“吕宝东更是混蛋一个，没人味”。也用来骂自己，比如“真混蛋，今天又忘记了”。骂得最多的当然是教授，比如“妈的，这些混蛋教授，不但不知道自己泄气，还整天考。不是你考，就是我考。考他娘的什么东西？”平日里受了教授考试的气，晚上就躲在日记里狠骂一通，解解气，搞搞心理平衡。

而十分有趣的是，“红豆”也专门来指他的某一位同班同学，总计有八处之多，请看下面的日记记载：

1932年12月25日：本来打算多看点书，然而过午一点书也没看。先是王红豆约来出校一走，从新开的门出去，从新开的门回来。到化学馆新宿舍看了看。

1933 年 2 月 14 日：同王红豆到校外一逛，看了许久牛。

1933 年 4 月 24 日：吃了午饭出去走着玩，忽然王红豆说，他听别人说城里太庙飞来了许多鹤——这真是奇迹，去见。

1933 年 5 月 30 日：晚上溜圈回来，在王红豆屋大打其牌。一直到十点才回屋，你猜回屋干吗？大睡其觉。

1933 年 6 月 5 日：过午在王红豆屋打牌，打了一过午。

1933 年 6 月 7 日：早晨在王红豆屋打牌。过午一点钟进城，先买了车票，又到琉璃厂买了几瓶酸梅露。

1933 年 9 月 9 日：晚饭后同蔡淳到车站去散步。到王红豆屋闲扯。又到长之屋，同卞之琳谈话，又随之琳到曹诗人屋，谈了半天。

1934 年 5 月 10 日：晚上，有人请客，在合作社喝酒，一直喝到九点，我也喝了几杯。以后又到王红豆屋去闲聊，从运动扯起，一直扯到女人、女人的性器官，以及一切想象之辞。于是皆大欢喜，回屋睡觉。

他们经常一起闲逛、打牌、胡扯、夜谈，这位被季羡林先生经常惦记、戏称雅谑的“王红豆”，后来也成了一位名教授！

“亚北已成天鹅肉，人都笑我癞蛤蟆。”

叶　新

季羡林先生在1988年写成的《梦萦水木清华》一文中，第一次提到了一首针对其老师吴宓先生诗作《空轩十二首》的打油诗。至今未见有其他当时人或者当事人的回忆。而这首所谓的“七律今译”原本有八句，季先生只记得前四句和最后一句。本文结合季先生的相关叙述和新发现的史料做一番小考。

据季羡林先生在《梦萦水木清华》一文中的回忆，吴宓先生在他教的“中西诗之比较”这门课上，“他把自己的新作十二首《空轩》诗印发给学生。这十二首诗当然意有所指，究竟指的是什么？我们说不清楚。反正当时他正在多方面地谈恋爱，这些诗可能与此有关。”

而据《清华园日记》的记载，在1933年9月到1934年6月，也就是大四这一学年，吴宓给季羡林所在的清华大学西洋文学系第六级同学（1934 年夏天毕业）开了“中西诗之比较”这门课。他在 1933 年 9 月 21 日的日记中写道：

> 上吴宓的中西诗之比较，他看重旧诗，并且说要谈到什么人生问题，我想一定没多大意思的。

因为季羡林喜欢新诗，而吴宓喜欢旧诗，而且还要谈及他以后十分看重的“文学与人生”话题，因此季羡林觉得一定不会有多大意思。而他这种不端正的学习态度很快遭到了学分上的惩罚。他在 1934 年 2 月 8 日的日记中记载：

> 吴宓把中西诗之比较 paper［论文］发还，居然给我 I，真浑天下之大蛋。我的 paper［论文］实在值 I，但有比我还坏的，也竟然拿 E 拿 S。一晚上心里不痛快，我觉得是个侮辱。

清华大学当时的分数分为五级：“E”即优秀，“S”即良好，“N”即合格，“I”即较差，“F”即最差（Failure）。因此，“I”也就表明刚刚及格而已，季羡林觉得受到了侮辱。最后，季羡林以《中西诗中所表现之自然》作为“中西诗之比较”的结业论文，得了个“N”，也就是合格。

也可以说，季羡林对吴宓开设的这门课是有不认同的想法的，而这种想法又来自对吴宓这个人的看法。据上文的说法，吴宓先生正在多方面地谈恋爱（其实都是柏拉图式的恋爱），也就是同时喜欢很多人，包括毛彦文、欧阳采薇、黎宪初、陈仰贤、高棣华等人，大多属于“兔子吃窝边草”之类，在清华师生中广为流传。而他为此还在 1934 年的寒假作了旧诗《空轩十二首》，并铅印成课程讲义，在“中西诗之比较”课上发给了季羡林他们。

此后不久，有关吴宓个人感情的《空轩十二首》还发表在《清华周刊》第 41 卷第 3/4 期（1934.4.16）上，写明是“三月二十一日跋”。在跋中，吴宓说“以示友生，毁多誉少”，也就是基本上没有得到大家的认可。

“空轩”即吴宓所住的藤影荷声之馆，那这十二首诗又是分别指的谁呢？据季羡林在 1994 年《也谈叶公超先生二三事》一文中的回忆，“据说每一首影射一位女子，真假无所考”。此回忆不确。吴宓在跋中说：

> 全篇结构，第一首总起。第六、第七首自叙。前半第二、第三、第四、第五首，正面主题，一人一事。后半第八至第十二首，则每首一人，旁衬并列。语有分寸，悉本真实。理近玄虚，情则切挚，原有注，今从略。

按吴宓的意思，第二至第五首写的是同一人，第八到第十二首每首写一人。本来注解有所指，但是在《清华周刊》刊登时，吴宓主动给删了。而在 1935 年 5 月中华书局印行的《吴宓诗集》中，《空轩十二首》正文用小字注解标明：第二至第五首写的是他的多年恋人毛彦文，此时已经嫁给了北洋政府前总理熊希龄。第八到第十二首分别指的是：曾宝荪、韩琴慧、卢葆华、陈仰贤、格布士（Harriet L. Gibbs，美国女子）。

而大家传得沸沸扬扬的“绯闻女友”、第四级（1932 年夏天毕业）西洋文学系毕业生也就是季羡林的师姐欧阳采薇并未在其中，因为她此时已经嫁给了曾任清华大学教务长、政治系主任的吴之椿教授，成了吴宓的前同事甚至是“前领导”的夫人了。因而吴宓在写《空轩十二首》时略过了她，可是吴宓的在校学生们却没放过这位师姐，依然要在校刊上开她的玩笑。

据季羡林在《梦萦水木清华》一文中的描述：

《空轩》诗发下来不久，校刊上就刊出了一首七律今译，我只记得前一半：

一见亚北貌似花，

顺着秋秸往上爬。

单独进攻忽失利，

跟踪盯梢也挨刷。

最后一句是："椎心泣血叫妈妈。"诗中的人物呼之欲出，熟悉清华今典的人都知道是谁。

所谓"七律今译"，在1989年《回忆雨僧先生》一文中，季羡林的解释是："这引得编《清华周刊》的学生秀才们把他的诗译成白话，给他开了一个不大不小而又无伤大雅的玩笑。他一笑置之，不以为忤。"也就是把吴宓的一首诗解读、另作了一首大白话诗，意在开他的玩笑。那到底指的是吴宓的哪一首诗呢？在1994年的《也谈叶公超先生二三事》一文中，季羡林说是第一首。他还提到："'亚北'者，欧阳也，是外文系一位女生的姓。"那就指的是欧阳采薇了。

笔者近日在"民国时期期刊全文数据库"中搜索"空轩"，发现《空轩十二首》一稿两登，不仅发表在《清华周刊》中，也在南京的《国风》杂志同年第2期（1934.7.16）中出现。而且《清华副刊》第41卷第5/6期（1934.4.29）刊登了一篇题为《肉沫翻译家》出现的文章，副标题为"善译古诗，令人绝倒！译某文士'空轩诗'尤妙不可以酱油!!!"，作者是"僧"，不知道这笔名是否暗指吴宓先生的字"雨僧"。在该文中就有季羡林提到的这首打油诗，应该是"僧"假托所谓"肉沫翻译家"之名所作。

该文提到此人"不但其译东西洋各国文字，更善译各国新旧体诗，而译中国古诗为新诗尤妙"。所谓"译"，就是用当时白话作打油诗而已。有人就拿出轰动清华园的"空轩诗"试探其"古诗今译"的才能，没想到

“肉沫翻译家略加思索均代译出，惜当时未能一一记下”。“僧”多方探询，只得到针对第一、三、五、六首所作的打油诗。其中前三首均为残诗：

第一首仅余第三四两句：

恋爱有道须诱惑，惜没用酒醉倒她。

第三首也只剩三四句曰：

我是清华大傻瓜，您是世界好汉子。

第五首只余后半首，诗曰：

烧香叩头全不灵，几回照镜也不明，我没“刷”她她“刷”我，我要至死有爱情。

其白话般雅谑的风格让人为之喷饭，为之笑场。而针对第六首“空轩诗”的打油诗为全诗，不是季羡林所说的“第一首”。它有八句，季羡林先生只回忆出五句，而这五句也还和打油诗第六首略有出入。

在吴宓自叙的“第六、第七首”中，第六首原诗如下：

力战冲围苦未通，单枪匹马望奇功。舟横绝港迷歧路，身披絮衣陷棘丛。敌笑亲讥无一可，情亏志折事全终。投怀只欲依坤母，泣血椎心诉困穷。

该诗表达出吴宓自己不顾世俗，为了爱情拼杀，最后落得“敌笑亲讥无一可”“泣血椎心诉困穷”的下场，但未指明为之拼杀的是欧阳采薇。下面将打油诗第六首完整过录，并与季羡林的回忆所述逐句对比：

一见 OY 貌似花（一见亚北貌似花），

顺着秫秸往上爬（顺着秫秸往上爬）。

单独进攻忽失利（单独进攻忽失利），

因缘盯梢也挨刷（跟踪盯梢也挨刷）。

亚北已成天鹅肉，

人都笑我癞蛤蟆。

一把鼻涕一把泪，

哭震山河叫妈妈（椎心泣血叫妈妈。）

季羡林没有回忆起的三句是“亚北已成天鹅肉”“人都笑我癞蛤蟆”“一把鼻涕一把泪”。在第一句中，不是“亚北”，而是“OY”，即“欧阳”威妥玛拼音的首个字母大写；在第四句中，不是“跟踪”，而是“因缘”；在最后一句中，是“哭震山河”，不是“椎心泣血”，这倒与吴宓原诗的第八句“泣血椎心”相近，也从一个侧面反映《肉沫翻译家》一文的作者和季羡林认为吴宓本意说的是自己追求未成，欧阳采薇“琵琶别抱”之事，而“人都笑我癞蛤蟆”与“敌笑亲讥无一可”正相对应。

而当年“打油诗事件”的当事人欧阳采薇本是名门出身，为宋代大文豪欧阳修的第三十二代孙女，上中学时即发表文章。大二时转入清华外文系就读，1932 年夏天毕业。在 116 名毕业生中，女生仅有 5 名，而外文系独占 4 名，可谓清华园里的“熊猫”、北平城里的名媛了。因此，欧阳采薇和她的同学，如黎宪初等的照片时常被照相馆拿去登在杂志上，让人一睹名门闺秀的芳影。

欧阳采薇曾在《回忆清华》一文中深情回忆说：“吴宓教授尤其使我永远铭记在心。四年级时，我用英文写毕业论文《希腊悲剧中的妇女》，但不知如何着手，向他求助。他耐心指导，从头教我如何搜集与整理资料，写卡片，最后写成论文，费了不少心血。”让她永远铭记在心的是吴宓教授指导她写毕业论文时所花的大量心血，其他的就让它“飘在风中”吧！

从《清华园日记》看大学时代季羡林的家庭生活

王京山

季羡林是在一个非常特殊的家庭环境中成长起来的。他幼年同父母在清平农村老家相依为命，直到六岁离开父母寄居于叔父季嗣诚家。从六岁到上大学，他一直在叔父家生活，叔父家实际是他真正意义上的原生家庭。叔父家供养他念书学习，为他娶妻，哺育他成人。到了大学时代，季羡林虽已娶妻成家，但经济上仍不能独立，他仍然是在叔父家这样一个大家庭生活。这种寄人篱下的窘境，使他倍感压抑，也埋下了家庭生活不和谐的种子。

一、季羡林的第一原生家庭

1911 年 8 月，季羡林出生于山东省清平县（现属于山东省临清市）官庄村。季氏家族并非名门望族，甚至说不上是书香门第，却也是耕读传家。季羡林的爷爷很早故去，因此季羡林没有见过爷爷。季羡林的父亲季嗣廉是长子，在堂兄弟中排行第七；季羡林的叔父叫季嗣诚，排行第九，所以季羡林称他九叔。季羡林还有一个小叔叔，因为家里穷，送给别人做了养子。

季羡林的爷爷去世时，季嗣廉和季嗣诚兄弟俩还没有成年，家里一贫如洗。他俩长到十几岁的时候，曾到济南谋生。经历了无数艰难困苦，弟弟季嗣诚终于有了较为稳定的工作。兄弟二人商议，弟弟留在济南，挣些钱补贴家用，哥哥回到家乡，侍弄父母留下的半亩多地。回乡不久，季嗣廉娶了邻村王里长屯赵家的姑娘，这就是季羡林的母亲。后来季嗣诚买了十分之一湖北赈灾彩票，不想竟中了大奖，得了几千两银子，兄弟二人过了一段阔气的日子。因为季嗣廉不懂经营，钱来得快，去得也快。曾经阔过一阵子的季嗣廉又变回了一个贫农。就在赤贫如洗的窘境中，季羡林降生了。

季羡林的外婆家也是贫农。母亲勤俭持家、服从丈夫、孝敬长辈、含辛茹苦，具备那个时代妇女应有的一切美德。后来，季嗣廉家又添了两个女儿：大女儿昵称香妹，一直没有正式名字；二女儿叫季淑林。故此，季羡林父亲季嗣廉一家共有五口人。

在贫穷的鲁西北官庄村，季羡林长到六岁。第一原生家庭给他最大的印象，就是贫穷和饥饿。家庭的贫穷，让季羡林终生难忘。他回忆自己的童年时就认为：“当时全中国的经济形势是南方富而山东（也包括北方其他省份）穷。专就山东论，是东部富而西部穷。我们县在山东西部又是最穷的县，我们村在穷县中是最穷的村，而我们家在全村中又是最穷的家。”（《我的童年》）因为贫穷，他很早就饱尝饥饿的滋味。他在《赋得永久的悔》中写到他童年时有两种吃的——“红的”和“白的”。所谓“红的”和“白的”，是指干粮的颜色。高粱的颜色是红的，季家一年四季的主要食粮就是高粱；小麦面的颜色是白的，白面是季家一年到头难得一见的细粮。在季羡林童年的记忆里，从来没有吃过肉，只在外婆家里喝过肉汤。（《我的童年》）

因为家庭极端贫困，季羡林六岁被叔父接到济南，从此过上了衣食无忧的生活，但也远离了父母，提前结束了自己的童年时代。所以他在第一原生家庭中生活的时间并不长，但第一原生家庭的影响极为深远。

季羡林对于父亲和两个妹妹的印象和感情较为淡漠，到季羡林十一二岁的时候，父亲季嗣廉去世，季羡林回家奔丧。因此，在季羡林《清华园日记》中鲜见他对于父亲和两个妹妹的记述或回忆文字。

季羡林对于母亲则不然。因为幼年离开母亲寄居于叔父家，享受母爱很少，他对母亲十分依恋。季羡林离开母亲之后，有两次短暂的会面。他虽然盼望母子团聚共享天伦之乐，但寄人篱下的现实让他的想法无法实现。到清华上大学后，季羡林曾暗暗立下誓愿：一旦大学毕业，自己找到工作，立即迎养母亲。然而，“树欲静而风不止，子欲养而亲不待”，在季羡林大学尚未毕业之际，母亲突然去世。在母亲去世之前，母子已整整八年未见。这八年间，季羡林读完初中，上高中，停学一年，再读，娶妻，高中毕业，上大学，生女……如此漫长的时间，季羡林竟没有抽出一些日子回家与母亲团聚。

母亲的去世对于季羡林是巨大的打击。在《清华园日记》中，母亲故去，季羡林还乡治丧，这一段时间没有日记。返回清华重新记日记，起初他不相信母亲已经去世：“有时候，脑筋里仿佛一阵迷糊，我仍然不相信母亲真的死去了。”“有时候，忽然一闪，仍然不相信母亲会死了（我写这日记的时候还有点疑惑呢）。她怎么就会死了呢？绝不会的，绝不会舍了我走了的。”“不知为什么，我老不相信她是死了。她不会死的，绝不会！

在这以前，我脑筋里从来没有她会死的概念。”

此后，季羡林对母亲的去世深感遗憾和痛苦：“我同母亲八年没见面，她就会死了吗？我的心真痛。”“晚上又想到母亲，又大哭失声，我真不了解，上天何以单给我这样的命运呢？我想到自杀。”“最近心情很坏，想到过去，对不住母亲，对不住许多人。”“我真不明了整八年在短短一生里占多长的时间，为什么竟一次也没家去看母亲呢？使她老人家含恨九泉，不能瞑目！呜呼，茫茫苍天，此恨何极？我哭了半夜，夜里失眠。”“昨天又想到母亲，其实我时常想到的。我不能不哭，当想到母亲困苦艰难的一生，没能见她的儿子一面就死去了，天哪，为什么叫我有这样的命运呢？”

母亲的去世，是季羡林“永久的悔”。

二、季羡林的第二原生家庭

季羡林六岁的时候离开父母和家乡来到济南叔父家，从此成为叔父家的一员。他上学、娶妻、生子、留学、成为北大教授……这中间再也没有回到农村老家。说叔父家是季羡林的第二原生家庭，一点也不为过。

与季羡林的父亲季嗣廉相比，其叔父季嗣诚可谓是一位“成功者”。他历尽艰难在济南落脚成家，总算过上了衣食无忧的生活。生活稳定之后，他还努力承担家庭责任，把一部分钱寄回老家，让季嗣廉在老家建房置地，准备振兴季氏家族。后来，他娶妻生女，为了延续季家的香火，又把季羡林从农村接到了省城济南，并努力培养季羡林好好读书，传承子嗣，振兴家业。可以这样说，没有叔父的倾心栽培，也就没有后来的著名学者季羡林。

尤为重要的是，季羡林的叔父很好地履行了父亲的教养责任。因为叔父没有儿子，他对季羡林视同己出。季羡林在叔父家不但衣食无忧，更难得的是叔父极为关心季羡林的成长，供季羡林接受良好的教育，直到季羡林清华大学毕业；后来又资助他出国留学。对于季羡林的外语学习，叔父更是十分重视，为季羡林考入清华西洋文学系打下了坚实的基础。没有叔父的支持，也就没有季羡林后来的巨大成就。对此，季羡林理智上是认可的。但是，从感情上来说，叔父毕竟不是生父，那种距离感是无法消泯的。叔父带着季羡林离开了农村老家，也离开了母亲。季羡林从幼年开始就与母亲分离，长久不能相聚，而且在叔父家中生活不能自主，再加上有形无形的歧视与慢待，这让季羡林长期心情十分压抑。

季羡林来到叔父家的时候，叔父家已有三口人：叔父季嗣诚、婶母马巧卿和堂妹素秋，又称秋妹，以后随家谱改名惠林。后来，季羡林的小妹妹季淑林也来到济南，组成了一个五口之家。到叔父家后，吃穿不再成为难题。以前梦寐以求的、视为龙肝凤髓的白面馒头，已经是习惯成自然，衣着上也城市化了。但季羡林来到叔父家，不啻寄居于陌生人家，小小年纪寄人篱下的窘况带来的压抑和孤单使他难以忍受。第二原生家庭对季羡林情感方面的深刻影响，可谓终生不灭。

季羡林在叔父家中的地位十分特殊。季羡林来到叔父家，是“兼祧”，也就是俗称的“一子顶二门”，即同时兼做父亲和叔父的儿子，一人继嗣两房。因此，季羡林并没有履行过继手续，仍称呼叔父和婶母为叔父、婶母。在年幼的季羡林看来，这就有点“见外”的意味。而且，叔父为人严肃刻板，平日总是板着脸，很难看到笑容。这既是叔父的个性使然，也是叔父生计艰难忧心操劳所致。面对严厉刻板的叔父，季羡林总是感到极端的拘谨，二人情感交流稀少，而且不畅。久而久之，季羡林对叔父敬畏交织，“敬而远之”也就成为季羡林对待叔父的基本态度。面对叔父，他只有出于理智的感激和礼貌，没有血浓于水的亲爱之情。他也不认为叔父家是自己的家，尽管他在这个家庭中生活了十几年，这个家庭早已成为他事实上的原生家庭。

同时，婶母马巧卿心眼小，对这个远道而来的侄子不感兴趣，在很多事情上慢待、歧视他。年少的季羡林很快就察觉，婶母对他的态度和对待自己亲生女儿的态度有天壤之别。季羡林晚年回忆说，婶母很少给他做衣服，即便做了，给亲生女儿用的料子是高价的府绸，给他用的是廉价的粗布。少年季羡林每天要花三个铜板才能吃饱，可婶母偏只给他两个，于是他只好饿着肚子去上学。而且，每天要钱时，年幼的季羡林总要酝酿良久，鼓足勇气才能开口。久而久之，季羡林对叔父和婶母产生了难以言说的复杂情感：他虽不认为叔父婶母虐待他，但在日常生活中的歧视却比比皆是、层出不穷，让他产生了不可遏制的“寄人篱下”的感觉。

季羡林与堂妹秋妹之间的关系也不太好。小时候两人并不和睦，从下面事例可见一斑。季羡林在中学时学习作诗，他想到自己在叔父家备受歧视，心有所感，曾写一首“三句半”打油诗：

叔婶不我爱，
于我何有哉。
但知尽孝道，
应该。

这首诗被秋妹知道了，惹得她极为不满。秋妹长大后与济南富裕大户弭家结亲，婶母常会让季羡林到弭家去“朝拜”，献殷勤、巴结讨好弭家，季羡林不愿意去，惹得婶母很不高兴。这样，季羡林在叔父家没有舒畅交心的氛围，他的孤单、郁闷可想而知。

叔父家庭内部复杂的人际关系和备受歧视的压抑，让季羡林身心俱疲：“我近来对家庭感到十二分的烦恶，并不是昧良心的话。瞻望前途，不禁三叹。”他对许多事敢怒不敢言，只能从家庭逃避：“预定明天回北平。说实话，家庭实在没念念的必要与可能，但心里总仿佛要丢什么东西似的，惘惘地，有醉意。” 在 1933 年 3 月 3 日的日记中他写道：“家庭，论理应该是很甜蜜。然而我的家庭，不甜不蜜也罢，却只是我的负担。物质上，当然了，灵魂上的负担却受不了。”通过《清华园日记》可以发现，这种寄人篱下，诸事不能自主的窘境，很长时间季羡林都无法摆脱，甚至影响了他的家庭观念。

三、季羡林夫妻琴瑟不调的小家庭

1929 年，季羡林 18 岁，已经成年。他是季家的独苗，他要娶妻生子，为季家接续香火。于是他在到清华上大学之前结婚了，妻子是大他四岁的济南女子彭德华。这是典型的父叔之命、媒妁之言的包办婚姻。

季羡林虽然成家了，但他还只是一个在校大学生，没有任何收入，也就没有独立门户的本钱。所以，此时的季羡林虽然已经成家，但他和彭德华小两口仍然寄居于叔父家中，他寄人篱下的境况并无改变。不同的是，他拥有了一个名义上的小家庭，尽管他仍不认为这个小家庭是自己安身立命的所在。

季羡林的婚姻实际上是为“孝顺”而存在，以传宗接代为目的。他和彭德华之间缺乏爱情的基础，事实上也没有爱情，他也没有试图培养爱情，先结婚后恋爱。彭德华只读过几年小学，因为日常整天帮着父母做家务，几乎不识字。夫妻文化水平和性格、爱好的差异，使季羡林的婚姻根本谈不上美满。彭德华虽然贤良淑德，任劳任怨，但她并非季羡林的意中人，夫妻始终琴瑟不调，感情淡漠。

在《清华园日记》的起始，季羡林就写道：“使我最不能忘的（永远不能忘的）是我的 H（彭德华），竟然（经过种种甜蜜的阶段）使我得到 der Schmerz（痛苦）的真味。”在这里，他对妻子的不满意溢于言表。

1932 年 9 月 23 日，季羡林从家信中得知妻子怀孕的消息后：“我简直不知道是喜是悲。一方面我希望这不会是真的，一方面我又希望 < 是真

的 >。”1933 年 5 月 15 日，季羡林接到家信，得知女儿出生：“第一即见到秋妹信，言家中近中尚不能寄钱。德华生一女。心颇急，精神靡颓。”这种矛盾心理，反映了季羡林对妻子的疏离隔膜。

夫妻感情淡漠，让青年季羡林深感爱的匮乏：“我 < 最 > 近觉到很孤独。我需要人的爱，但是谁能爱我呢？我需要人的了解，但是谁能了解我呢？我仿佛站在辽阔的沙漠里，听不到一点人声。”没有爱情的婚姻，成为季羡林心中长久的遗憾。

1933 年 4 月 17 日，季羡林毕业旅行结束回济南，他在当天的日记中写道：“家庭对我来说总是没缘的。我一见到它就讨厌。婶母见面三句话没谈，就谈到我应当赶快找点事做。那种态度，那种脸色，我真受不了。天哪！为什么把我放在这样一个家庭里呢？”此时的他临近毕业，求职还没有着落。婶母对他是这个态度，自己的小家庭中幼女嗷嗷待哺，妻子无法为他分忧，他内心压力之大可想而知。

季羡林上大学的民国时期，传统婚姻观念正受到巨大冲击，自由恋爱大行其道。当时确有许多名人以各种形式自行解除父母包办的旧式婚姻，勇敢追求个人的婚姻幸福。在时代潮流的裹胁下，青年季羡林可能也未尝没有自由恋爱追求幸福的想法。此后，季羡林负笈万里留学，夫妻聚少离多，但在种种因素的作用下，他没有背叛自己的妻子，夫妻二人最终白头偕老。

综观季羡林的家庭生活，可以发现一个显著的特点——爱的匮乏。他六岁离家，缺乏父母之爱；从少年到青年，他寄人篱下，缺乏家庭温暖；成家之后，夫妻关系淡漠，长期分居，缺乏男女之爱。与同辈大家如周一良、钱锺书相比，季羡林可谓既无母爱，又无夫妻之爱。然而，家庭给予季羡林的是痛苦，季羡林给予社会的是福音。他通过自己的扎实努力，一步一个脚印，终于由一个少无大志的顽童，成长为中国学术泰斗、世界著名学者。而他的家庭生活，留给我们的是一声慨叹和无尽沉思。

附录 ▶

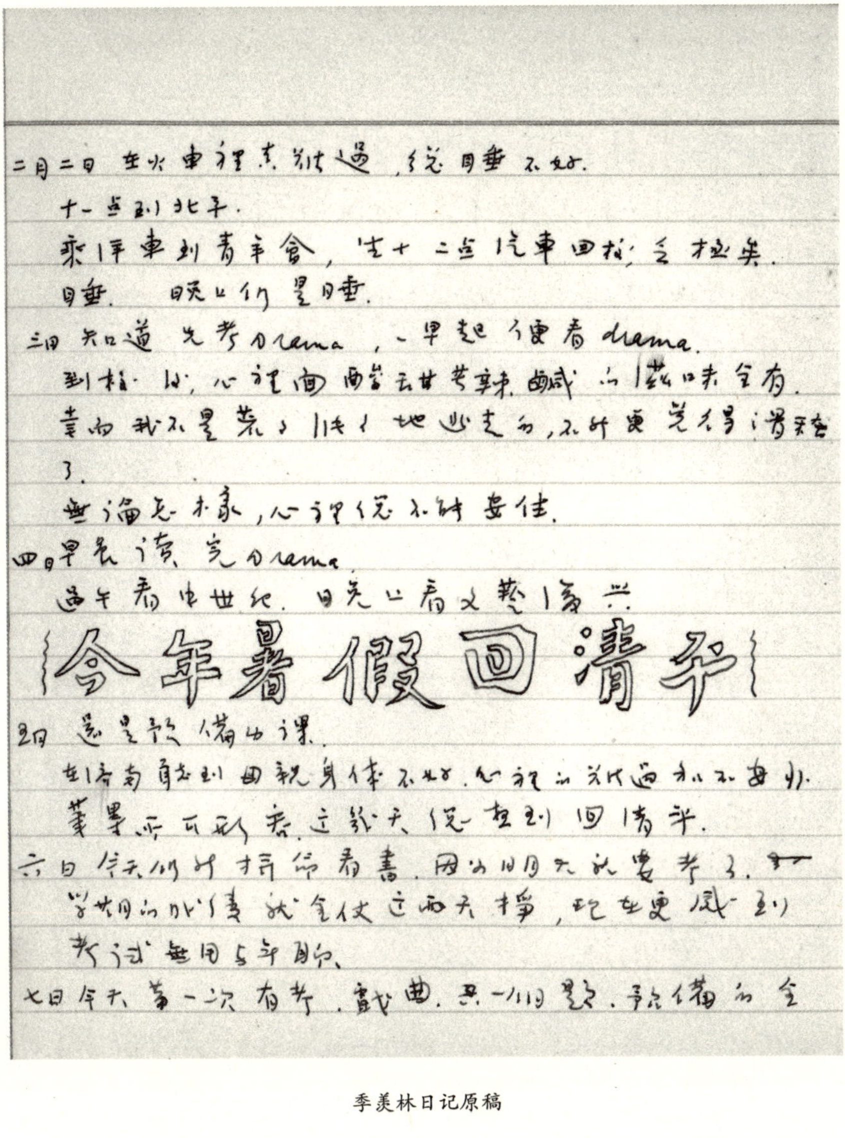
二月二日 在火車裡老沒睡過，總睡不好。
十一點到北平。
乘洋車到青年會，坐十二點汽車回校，累極矣。
睡。晚上仍是睡。
三日 知道先考drama，一早起便看drama。
到校以後，心裡酸甜苦辣鹹各種味全有。
喜的我不是荒荒唐唐地出走了，不然更覺得滑稽了。
無論怎樣，心裡總不能安住。
四日 早晨讀完drama。
過午看中世紀。晚上看文藝復興。
今年暑假回清平
五日 還是預備功課。
在濟南聽到母親身体不好，心裡不能過，很不安心。
萬一要有不好的事，這幾天總要回到清平。
六日 今天仍然拼命看書，因為明天就要考了。
學期的功課就全仗這兩天拚，現在更感到考試無用與可恥。
七日 今天第一次有考，戲曲，共一個鐘點，預備的全

季羡林日记原稿

青年季羡林记日记的特点

刘李莉

日记是非常常见的一种文体，它因为覆盖了多种类型的文学样态而被归为“杂文学”。“日记”一词在国外出现的较早，但是最初出现时与现在“日记”的含义相距甚远。在国外，“日记”最早有现在的含义大约是在文艺复兴时期，国内则是在“五四运动”时期。而后，日记逐渐被大众所接受，人们通过记日记的方式来记录每天的所遇所思所想，是一种私密的著述行为。

《清华园日记》是季羡林在1932年至1934年期间所写的，主要是为了记录自己在清华大学读书期间的生活。作者晚年重读这本日记时，认为它甚至要远胜于自己晚年所记的日记。他认为相比于晚年“仿佛记流水账似的”日记而言，在清华大学写的这本日记“比较生动、写的丰满”。他解释这是因为自己年轻时心中无所顾忌，才能做到真正的畅所欲言，并坦言他在九十岁时爱上了自己二十几岁时写的日记。因此，作者选择将这本日记一字不改、原封不动地交给出版社公开出版，他愿意将自己活脱脱地暴露于光天化日之下。这也是为何笔者选择《清华园日记》来研究青年季羡林记日记的特点的原因。这本日记保留了它原本的样子，还原了作者在清华大学的真实生活，具有极高的历史和研究价值。笔者通过仔细研读东方出版中心 2018 年 8 月出版的《清华园日记》（全本·校注版），对青年季羡林记日记的特点进行了研究分析和总结归纳。

一、真实还原，解剖内心

日记最本质的属性是真实，但是随着日记文学的不断发展，日记不再仅仅是一种私密的著述行为，而成为一种文学写作常用的文体体裁。笔者认为日记大致可以分为三大类：第一类是私密日记，这类日记直击作者灵魂，记载着作者最真实的想法；第二类是再创作的日记，这类日记可能本身就是有意创作，或者是出版前进行了润饰加工，它相比第一类日记而言缺乏真实性，但是从艺术性和文学性来看，它具有较高的价值；第三类是虚构的日记，这是小说创作中经常会采用的一种文体体裁写法。

季羡林的这本《清华园日记》在写作之初并无出版的意愿，写作时也只为给自己看，出版之前季羡林也曾考虑过是否需要修改，可最终选择一字不改。所以，《清华园日记》当属于笔者所说的第一类日记。诚然，即使是私密日记，许多人在写日记时也未必能彻底地坦白内心。笔者之所以认为季羡林在《清华园日记》中真实还原、坦白自己，主要是有以下几方面的依据。

首先，日记取材范围仅局限于自己的生活。纵观整本《清华园日记》，每天记载的内容相对重复，范围仅涉及每日的活动行程，包括上课、考试、约见好友、生活琐事和读书翻译等，偶尔夹杂一些感慨和评价也仅是从自身感受出发。

其次，日记中对人物的评价真实坦率。日记是作者同自己的对话，在这种状态下，作者可以毫无顾忌地畅所欲言，在人物评价方面也无需曲意逢迎和俗话套话。季羡林在日记中对人物的评价独具个性，无论是身边好友还是成名作家，都是坦率直言。他在日记中常提到自己的好友李长之，对这位好友的评价可以说是对事不对人，在日记中经常会直接指出李长之的问题。如他在 1932 年 8 月 24 日的日记中指出李长之“Prejudice[偏见]极大”，因为他认为长之对杨丙辰先生的态度显示出了明显的偏见；接着在 26 日两人就徐志摩去世及其在文坛的价值发表言论，季羡林仍然觉得长之带有个人偏见。在《清华园日记》中，季羡林也提到了不少名家作品和演讲，1932 年 10 月 13 日，日记中记录了一次胡适先生的演讲，在谈及听胡适演讲后的感受时，他在日记中写道：“说话太低，声音都好。但是，也许为时间所限。帽子太大，匆匆收束，反不成东西，而无系统。”在谈及胡适个人时，季羡林同样在日记中写道：“我总觉得胡先生（大不敬！）浅薄，无论读他的文字，听他说话。”他承认胡适“眼光远大”，但是同时觉得他“思想常常不深刻”。从这些文字可以看出，季羡林对胡适仍然敬重，但是对他在学术研究中存在的问题也是一针见血地指出，对于当时的季羡林而言，对已经颇具名气的胡适能有这种评价也是相当难得的。

再次，日记中对事件的态度尖锐坦白。青年季羡林面对不满之事都会直言不讳，在《清华园日记》中常见此类言论。季羡林对课程安排和老师授课都会发表言论，在日记中他常提到给他们教授“莎士比亚”课程的王文显先生，每次都会表达自己对这门课程的厌恶，如 1932 年 12 月 13 日他在日记中写道：“上王文显的班真有相当的讨厌。把手都抄痛了。”此外，在谈论到考试时季羡林认为“无聊”，并且尖锐地指责“一些放屁胡诌的讲义硬要我们记”。除去对课程及老师的态度尖锐外，日记中对不少事件的态度可以看出季羡林的坦白。如 1934 年 3 月 25 日在日记中记录的有关《文学季刊》抽稿的事件，季羡林清楚表明了自己对该事件的不满，这种不满是从个人角度出发的一种私人化不满，言论十分符合二十几岁的年轻人独有的年轻气盛。

最后，日记中自我剖析十分深刻。日记除了是事件回忆录，也是自省录，不少人会在日记中记录下平时不敢说出口的事情，或者是袒露平时不敢表现的一面。季羡林在《清华园日记》中曾做过深刻的自我剖析，1933 年 8 月 19 日，季羡林在日记中感慨自己的孤独，并且问自己“我的本性，不大肯同别人妥协，同时，我又怨着别人不同我接近，就这样矛盾吗”。这种对自己的怀疑暴露了内心的脆弱，正因为如此，只能在日记里诉说。

笔者将以上四点归纳为真实还原、解剖内心，这是日记最本质的属性，也是最难得的一点。这本《清华园日记》出版时季羡林已经是世人皆知的“国学大师”，可是他仍坚持原文出版，对此他解释说：“我七十年前不是圣人，今天不是圣人，将来也不会成为圣人。”笔者认为日记呈现的真实还原、解剖内心的特点与季羡林本人的性格是紧密联系的，二十几岁的他记日记时坚持从本心出发，九十岁的他出版日记时也坚持遵从本心。

二、从无漏记，持之以恒

日记最理想的状态是每日一记，但是现实情况往往会因为一些原因而缺记漏记，能够真正做到每日一记的人少之又少。季羡林的《清华园日记》从 1932 年 8 月 21 日开始写，到 1934 年 8 月 11 日停笔，中间除 1933 年 9 月 28 日至 10 月 23 日因自己母亲去世搁笔外，几乎从未中断。

季羡林虽从未中断过日记，但是他也会偶尔忘记，而后隔一天或者隔几天之后补记。笔者统计了《清华园日记》中补记的日记篇数，共有18篇。其中，有11篇是在日记后用括号注明补记日期，剩下7篇均是在日记开头第一句交代补记日期。通过分析补记日记的日期，可以清楚地发现补记日记集中在前半部分，尤其是刚开始写日记时常常遗忘，从1932年8月22日到9月16日这段时间，就已经补记了10篇日记，而在1933年5月后再无补记日记的记录。补记日记的行为是促使他养成每日一记这一习惯的重要方式，从中也可以看出季羡林对于写日记的坚持和执着。

季羡林每日都坚持写日记，但并非是因为每日都有值得记录的事情。他曾多次在日记中表示无事可记，如1933年11月18日，他在日记中写道："生活太刻板了。一写日记，总觉得没有什么东西可写。"甚至到了1934年，日记中经常出现"无聊""枯燥"的字眼。在母亲去世后，他的日记逐渐失去了前半部分的欢乐和洒脱，开始出现了苦闷和牢骚。这样的情况，与母亲去世、时局动荡和毕业困惑都是有关系的。但是在他都觉得毫无新意可记的时候，仍然坚持每日写日记，这一方面与长期坚持养成的习惯有关，另一方面也与心中苦闷无处倾诉有关，日记成了他可以倾诉心事的地方，在《清华园日记》的后半部分，他在日记中写内心感受的文笔明显增加。

三、事无巨细，逐一记载

季羡林在2002年谈及出版《清华园日记》的想法时说，今天研究清华大学的历史，有充足的档案资料，并无困难。但是，七十年前活的清华是什么样子，恐怕是非身历其境者难以说明白的。正如他所说，《清华园日记》若作为一本史料来研究，恐怕是不够的。但是由于他在青年时期对日常生活事无巨细地记载，当今的读者在看这本日记时可以跟随他回顾20世纪30年代的清华园生活。

季羡林日记表现出来的事无巨细的特点主要表现在两个方面：小事琐事的记录和记录事件的完整性。

笔者通读他的《清华园日记》，发现日记主要涉及包括学术、生活和娱乐三个方面，在这三个方面都有对于小事琐事的记录。

在学术方面，季羡林会记录自己读书、翻译和写作的进度和思路。如他在日记中记录了写散文《老妇人》的过程，从 1934 年 3 月 30 日开始着笔写，一直到 4 月 1 日写完，之后几天每日看这篇散文都颇为满意。之后 5 月 12 日开始抄写《老妇人》，并在 5 月 24 日将《老妇人》更名为《母与子》投稿给《现代》杂志。他每日对于这篇散文的记录并不多，但是会将这篇散文的每一点更改都细致地记录下来。

在生活方面，季羡林对于小事琐事的记载主要体现在书信往来和记录账务。他对于每次写信和寄信，以及信中的内容都会记录在日记中。如 1932 年 9 月 2 日的日记中，他记录来自璧恒公司的信，并记录了中心内容："钱已收接，已向德国代订 Goethe[歌德]，六星期可到。"此外，他还习惯在日记记录账务，主要是钱财的借进进出。如 1932 年 8 月 25 日在日记的最后一行记下"岷借去十元"。在日记中记录钱财往来很少见，但是本质上与记账没有区别，目的都是为了让自己清楚财务收入与开支。

在娱乐方面，主要包括运动、约见好友和外出游玩等。季羡林在日记中会按照时间顺序交代自己一天的行动轨迹，细致到外出逛校园、睡午觉这种事也都有记录。

《清华园日记》虽然不是一本小说或者传记，但是季羡林每天的记载可以串联成一个完整的故事，这便得益于他记录事件的完整性。其中，很明显的完整事件在日记中有很多，如他的毕业论文思路的形成，从买《荷尔德林的生平》这本书开始到最后确定写与荷尔德林相关的论文，均可在日记中找到；《文学评论》杂志创办的原因及全过程也都有记载；从《文学季刊》再版抽掉了季羡林的稿件，到李长之等人决定重新创办自己的期刊，包括后期《文学评论》的发展都会记录。除此之外，还有许多时间都会完整记录。虽然私人日记不会如史料书籍记录得那般完整，但是它从当事人的角度还原了当时的事件，其中还包括当事人当时的感受，其还原性和真实性是很难得的。

四、体裁混搭，长短不一

笔者曾在文章开篇提过，日记因其覆盖了多种类型的文学样态而被归为“杂文学”，这其中就包括多样的文体体裁。季羡林的《清华园日记》中记录的内容类型多样，包含了叙事、议论、写景、抒情等不同种类的文学体裁。在这本日记中，叙事文是最主要的体裁，贯穿于整本日记，其他体裁随意穿插其中。在写日记时，除了写景，作者都采用了白描手法，平铺直叙，直抒胸臆，这也是日记中最常见的写作方式。在写景时，季羡林放弃了常用的日记写作手法，转而采用散文写作手法。日记中他会记录外出游玩的内容，其中有大量的风景描写。如 1932 年 9 月 17 日，他同好友一起去游香山，并在日记中记下了西山的风景。描写水泉寺“清泉自石隙出，缓流而下，声潺潺”，描写双清别墅“院内布置幽雅，水池一泓，白鹅游其中”，描写水中石卵“衬以石子之五色，迷离恍惚，不知究为何色，颇形佳妙”，诸如此类描写还有很多。他在《清华园日记》中的写景部分语句优美，用词精确，都似经细心推敲后下笔，不像“白描体”的“流水账”，倒可以归为艺术类散文。

《清华园日记》整本共有 682 篇日记，每篇日记字数不等，甚至可以说是相差甚远。其中，字数多的有近 900 个字，字数少的仅 3 个字，如 1933 年 6 月 22 日，仅有“又来”两个字。此外，整本日记中，很明显刚开始写日记时篇幅较长，愈往后愈不注重篇幅问题，日记记录只随心意。

除了此种的趋势，笔者还观察到日记中有几段时期的日记篇幅变化尤为明显。其中，第一段时期是榆关失守后，北平局势变得紧张，具体日期是从 1933 年 1 月 3 日开始，由于时局动荡，季羡林回家小居，而后回学校上课也是每日忧心忡忡。这段时期大概持续了五个多月，这段时期虽然偶有较长篇幅的日记出现，但 100 字以下的日记占了绝大部分。第二段时期是母亲去世后，日记篇幅每日相差不大，且相比之前的篇幅略有增长。具体日期是从 1933 年 10 月 24 日开始，从此日期往后持续很久，日记篇幅甚少变化。这段时期季羡林可能由于心中痛苦，而又不善表达，所以会大量依赖记日记来缓解自己心中的苦楚。第三段时期是临近毕业，作者由于忧心毕业后的去处，以及对现实社会的不满，每日的彷徨与不安让他减少了日记的篇幅。这段时期从 1934 年 5 月 1 日开始，一直持续到日记停笔。

通过以上陈述，笔者认为青年季羡林记日记主要有以上四个特点。其中，有的是日记的普遍特点，笔者是从细节出发论述季羡林记日记是如何体现这些特点的，如真实还原、解剖内心等；还有一些是季羡林记日记独有的特点，笔者是从日记内容中归纳出来的，如题材混搭、长短不一等。

一座清华园，两本《清华园日记》

付　江

1930 年，季羡林考入清华大学西洋文学系。同年，夏鼐考入燕京大学，并于翌年转入清华大学历史学系。两人均为清华大学 1934 届毕业生，都有大学时期的日记留存下来。季羡林日记是从 1932 年 8 月 22 日开始“复活”的，夏鼐日记是从 1931 年 1 月 1 日起开始逐日书写的。

季羡林于 1932 年 9 月 13 日晚在日记本前面的一页写了三段话，其中说：“我尝想，日记是最具体的生命的痕迹的记录。以后看起来，不但可以在里面找到以前的我的真面目，而且也可以发现我之所以成了现在的我的原因。”夏鼐在 1932 年 12 月 21 日的日记中写道：“大学的四年生活最堪留为纪念；将来如有所成就，这四年是前途的基础，假使将来是一败涂地，这四年的记录也可留作伤心的回忆录，知道自己曾经用过如何的努力，而终归失败。”

我们比较阅读季羡林《清华园日记》、夏鼐《燕园清华园日记》二书，感受那个年代的清华大学校园氛围，了解他们在大学时期的心路历程，会颇受触动和启发。

一、一起参加的活动

季羡林和夏鼐互不认识，但两人同届不同系，在校园里说不定碰到过。有些活动两人都有参加，他们日记均有记录的就有：凌晨去气象台看狮子座流星，听朱庆澜、查良钊、胡适、伯希和、黄杰等人的讲座，看《呆女婿》《奋斗》《残春》等电影，参加级会，参观演习高射炮，观看上海交通大学与清华大学足球赛，等等。

两人关于听讲座的记录都颇多。1932 年 9 月 22 日，朱庆澜、查良钊讲座。季羡林评论了朱庆澜演讲时的声音、用词和表达方式，认为是“粗人的演说”“军人的演说”，又评价查良钊“学界出身，但说话也断续无头绪”，对于两人的演讲内容并没有提及。夏鼐只记演讲内容，“听朱庆澜、查良钊演讲东北义勇军之奋斗及苦况”，并不评价两位演讲者演讲的风格。

1932 年 10 月 13 日，胡适讲座。季羡林用三百多字记录演讲内容，并评论听后的感受，认为不管是读他的文字，还是听他演讲，都有“浅薄”之感，但也承认他“眼光远大，常站在时代前面”。夏鼐在听讲座当天只记“听胡适之讲演”。次日与好友王栻散步聊天聊到胡适，这才在当晚日记中对胡适予以一番评论，说胡适“是时代的落伍者了，短短的十几年间，便将一位前锋移到后卫去，恐怕他读到自己所作《回国杂感》中关于康有为一段，未免有‘夫子自道’之感了”。

1933 年 5 月 17 日，黄杰师长讲座。季羡林记黄杰演讲的是“南天门作战经过”，并评论“黄极年轻，颇奕奕有英风”。夏鼐则记为“南天门失守之经过”，并郑重写道：“所率一万三千健儿已战死三分之二。”两天后黄杰部经过清华，夏鼐仅记“见中央第二师（黄杰）过境，闻将驻扎海甸”；季羡林则用一百多字对比了官兵和农人的行为，哀叹国人之冷漠，并记，“据说黄的兵在南天门牺牲了三分之二，这些回来的都是百战余生了”。

对其他一些活动，两人也常常都有记录。1932 年 10 月 7 日晚第六级级会，季羡林记：“到会人数极少。一进门就嚷着吃茶点。所谓讨论会务，简直是胡诌八扯。终于茶点吃到了，于是一哄而散。不混蛋者何其少也。”夏鼐也去了，感受也是一样：“与星期二的浙江同乡会一样，吃吃茶点，胡闹一番，真是无聊。”

1932 年 12 月 31 日看电影《呆女婿》，季羡林记：“晚上看电影——《冒充女婿》。还不坏。”夏鼐记：“晚间观电影滑稽片《呆女婿》。”1933 年 9 月 22 日看电影《奋斗》，季羡林日记先交代是合作社五周年纪念请客，而后介绍电影主演，继而评论主演陈燕燕“颇迷人”，戏里郑君里“更是流氓气十足”，最后一锤定音，“总之，这片子失败了”。夏鼐记：“晚间观电影《奋斗》。”

二、不得不提的法文老师

同在清华大学，总有些课程是不同系的学生都要修的，譬如法文。教法文的老师中，有一位德国来的女老师华兰德，不管是季羡林，还是夏鼐，都花了不少笔墨来写她。

季羡林对华兰德有生动描写：满头银发，闪闪发光，独身，性情反常，脾气有点变态，课堂上“专以骂人为乐”，能够把选课的人骂走一大半。

季羡林是 1932 年秋季选的华兰德的法文课。9 月 17 日他去上了一堂课，华兰德“泼辣如故”，季羡林还没有决定是否选她的课，但华兰德看起来已经承认这个学生，所以季羡林“只好决意选她的课”。于是一个学年都为法文忙碌，“预备法文”“上法文”“看法文”“念法文”“作法文文”“考法文”，学习法文相关内容在日记中频频出现。10月6日的日记中，季羡林评价说华兰德“peevish[易怒]而obstinate[固执]”，但是“还卖力气”。1933年5月29日晨“雷电交加，大雨如注”，季羡林翘课，华兰德还会“打电话来催”。至于考试，考前华兰德会想尽办法让学生多花时间备考，当然，在季羡林眼中，其考题“一定要‘绝’不可言”，既有听写又有翻译，既有动词变形又有作文。看来要求比其他课程的老师要高得多。

夏鼐是1931年秋季选修华兰德的法文课。华兰德课程难度在夏鼐日记中也有反映。12月24日，批改后的法文考卷发下来，旁边两位同学是“最差”，夏鼐得了“良好”。但夏鼐觉得“今年的课程以法文最麻烦，尤其是这位Miss Holland特别注重发音及听讲能力”“今后对于法文该特别留意才好”。

华兰德的性格在夏鼐的日记中也有佐证。1932年1月25日下午，华兰德在家办茶会，夏鼐等六七人参加，大家相谈甚欢。3月15日法文课上，华兰德“又大发脾气，睁大着眼睛，红涨着面孔，骂全班太不用功”。夏鼐喊冤，认为全班同学“只有对法文顶费工夫”，所以当天日记称之为“教法文的老太婆”。3月17日午餐后，华兰德请同级生到消费合作社去吃茶点，夏鼐觉得“这位先生真好笑，凶起来时吓得人发抖，高兴起来时又请人吃东西”。

1932年秋季，夏鼐改选葛其婉的法文课。1933年5月1日，夏鼐日记载：“自春假以后葛教授因病未曾上课。”10月25日日记载：“上学期读葛其婉的二年法文，她是马马虎虎，教书不起劲，自己也落得偷懒，不肯费工夫，今年读三年法文，很觉吃力。”比较之下，华兰德对法文教学可谓尽心尽力。

三、读书这点儿事

读书总归是件愉快的事情。游览西山时，季羡林就常想，“这样幽美的地方，再有一架书相随”，那就“再好没有了”。他在 1932 年 11 月 7 日日记中称自己“对书仿佛生了极大的爱情”。在 1932 年 11 月 22 日晚就着烛光阅读《荷尔德林的生平》，季羡林状态出奇地好，兴奋地把这种美妙的读书体会写到了当天的日记中，觉得每天晚上“读几页所喜欢读的书，将一天压迫全驱净了，然后再躺下大睡，这也是生平快事罢”。

夏鼐也是一个书迷，1931 年 2 月 18 日日记描写了他对读书这件事的喜好之情，称“曾几次对友人说过，我的念书成了瘾”。夏鼐用“瘾”字以示和“用功”无关，因为他认为“要克制欲望以读书才配称用功”，他的读书瘾是“喜欢自己读书”。因为读书成瘾，夏鼐不得不要求自己多关注些别的，1931 年 8 月 1 日就写道：“自家年来沉溺书籍，生活太干枯了，很想有机会多学些玩意儿。”

谁都有自己的偏好，读的书如是自己兴趣所在之书，甘之如饴；如非爱好之书，又不得不读，那就苦不堪言。马上要考古代文学了，1933 年 11 月 15 日的日记中，季羡林就发问：“终日在考里过生活，为考而念书呢？为念书而考呢？”两天后的日记记道：“几日来，给不愿读而非读不可的书压得够劲了。一切清兴都烟似的消去。”夏鼐也有同感，就要考经济学了，自己喜欢看的书不得不停下来，1931 年 4 月 20 日，夏鼐日记中称“考试这种事真是无聊的事”“课外书只好暂停阅读”“硬生生地被打断掉兴趣”。1931 年 2 月 18 日日记中也说他的读书瘾是“不喜欢有教员在后面督促着”。

再爱读书的人也会有不想读书的时候。季羡林1932年9月30日就说自己“懒病大发，瞪着眼看桌子，却只是不愿意看书”。1933年8月24日的状态是“说不看书，又丢不开”“说看，又不能沉下心真看”。夏鼐也有这种时候，1931年9月20日，“今日仍旧没有读书，这几天不知怎的，总是心神不宁，不能静坐读书”，他在日记中自我批评：“这种糊里糊涂将光阴蹉跎过去，连一点书也没有读，你也觉得对得起自己吗？”

读书要不要细读？季羡林在1933年11月15日日记中写道：“一天只读一首，必须再三细研，毫无疑问才行。只贪多而不了解也没有多大用处。”夏鼐1931年1月5日的日记也谈到这个问题：“与其读快而不入脑筋，宁可慢读而领会每一句每一字的意义，这是呆法，可是我相信读书没有一蹴便到捷径。虽可用较省力的方法，而不能太取巧以贻后悔。”

四、写作及以此谋生的可能性

季羡林大学期间创作后发表的文章共27篇，1931年1篇，1932年4篇，1933年11篇，1934年10篇，1935年1篇（1933年创作），主要发表在《大公报·文学副刊》《华北日报》《北平晨报》《文学季刊》《文学评论》《现代》《清华周刊》等报刊上。

季羡林读的外文系，故他的创作从翻译开始。第一篇是1931年4月在《华北日报》“副叶”上发表的译作《蔷薇》，接着是1932年9月在《华北日报》发表的译作《守财奴自传序》。1932年9月吴宓邀请季羡林等同学为他主编的《大公报·文学副刊》写稿，季羡林先后创作并发表了9篇书评。

译作和专业有关系，书评和吴宓约稿相关，散文则是季羡林在清华大学里按自己兴趣自由创作的。写作过程有顺利也有不顺利时候，但散文写作让季羡林尝到了把灵感变成文章并发表出来的满足感，他和李长之说想成为小品文家，并做中外小品文历史的研究。季羡林喜欢的《年》被《现代》退稿，他认为编辑没眼光，但李长之也不喜欢。季羡林把自己厌恶的《兔子》给李长之看，李长之却说好。于是季羡林把这些文章一并送给叶公超看，叶老师表扬了一番，称“可写下去，比徐转蓬一般人写得强”，并把《年》拿去发表。季羡林认为叶公超给他“指出了路”，而这条路又是他自己愿意走的，高兴极了。但另一篇自我感觉满意的文章送给叶公超，叶老师却“一个字也没看”，季羡林勉励自己，只要写出好文章来，“怕什么鸟”。然而小品文其时被批判为“有闲阶级的产品”，季羡林在日记中说，“自己想写小品文，但心中又仿佛怕被他们骂”，但“被人骂有什么关系呢？我要的是永久的东西”。在此种起起落落的情感动力下，季羡林在此期间创作发表了 9 篇散文。

夏鼐大学期间创作后发表的文章共 15 篇，1932 年 1 篇，1933 年 8 篇，1934 年 6 篇，主要发表在《图书评论》《清华周刊》《外交月报》等期刊上。

1933 年 1 月 8 日夏鼐收到《清华周刊》稿费 5 元，极为开心，称之为“第一次卖文所得的钱”。这次的文章是翻译林语堂《言语和中国文字二者起源的比较》。

夏鼐创作并发表的第一篇论述文章是 1933 年 1 月在《清华周刊》上发表的《秦代官制考》。转入清华大学后，夏鼐所修课程有钱穆的《战国秦汉史》。《秦代官制考》的创作得益于该门课程的学习。按日记所载，该文创作于 1932 年 5 月 23 日至 5 月 28 日，但直到 9 月 29 日夏鼐才予以整理，称“预备投到周刊社去骗稿费”。12 月 31 日周刊社送来校样，1933 年 1 月 14 日文章刊发，2 月 4 日夏鼐收到“第二次的稿费”12 元。2 月 22 日吴晗、马玉铭邀请夏鼐做《清华周刊》文史栏主任，后面在该刊持续发稿就是理所当然之事了。

1932 年 11 月 18 日夏鼐日记称："搜集外交史材料，预备作一篇对于蒋书的批评。"20 日日记即写道："作蒋廷黻编《近代中国外交史资料辑要》的书评约六七千字，费了我搜集材料的工夫不少。"25 日夏鼐送书评请蒋廷黻过目，蒋转《大公报》副刊，但《大公报》以"非名家撰述之文"的理由退稿。12 月 2 日夏鼐寄书评给《图书评论》社。1933 年 1 月 6 日，《图书评论》回信同意登载，称书评为"有所胜于若干业已成名之投稿者之稿件"。2 月 1 日书评刊出，3 日夏鼐收到第 6 期《图书评论》，初次看见文章在校外刊物登出，"明知道这些算不得什么"，但"其喜也可知矣"。7 日收信说书评稿费有 25 元。

1933 年 12 月 19 日，夏鼐盘算一下这一年稿费收入有 200 多元，极为高兴，"从前的一番辛苦，总算不白费了"。夏鼐的稿费收入远超季羡林，他是否乐意走上写作之路呢？当天日记中，夏鼐这样写的，"不过我仍觉得卖文生活太清苦，偶一为之则可，若靠此来维持生活，似乎有点困难"。在 1934 年 1 月 13 日的日记中，夏鼐再次谈到这个问题："卖文这事，至多只能当作副业，若专靠这吃饭，大概是要饿肚皮的，尤其是像自己这种人。"5 月 27 日写完毕业论文，夏鼐长吁一口气，直曰："假使找到适当的职业，还是多读书少写作为佳。"

（原载 2020 年 10 月 28 日《中华读书报》）

▶后记

笔者1999年因为一个偶然的机会，有幸认识了季羡林先生。弹指一挥间，已经是二十多年前的事情了。记得当时还特意买了《留德十年》，在香山饭店找他签名，他呼我为“小友”。

十年前，买到他生前唯一“钦定”出版的《清华园日记》（辽宁美术出版社2002年8月初版），到如今，该书的“排印版”（初版3000册，定价58元）我收藏了11本，“影印版”（初版600册，定价160元）我有4本。当然，其他出版社出版的版本也收了不少，但“辽美版”是这些版本的母本。

季羡林先生对这本《清华园日记》的评价是“写得丰满，比较生动，心中毫无顾忌，真正是畅所欲言”。“粗糙但却自然无雕饰”，“有一种真情留贯其中”。日记是写给自己看的，如果要出版又做如何处理呢？季羡林先生的做法是“把原文照相影印，错别字无法改，漏掉的字无法填，这就等于赤条条走上舞台”，这样做的目的“是向读者献上一份真诚”。而将“排印版”和“影印版”对照来看，季羡林先生说到做到，其中的“雷人雷语”确实让读者大呼过瘾。

在我看来，这是一本大学生写给自己看的私密日记，是一个被现实生活压抑的文学青年在日记里的“放浪形骸”。其中不乏对看梅兰芳演京剧、去香山游玩、看女篮比赛、夜观流星雨、晚间清华园、写作等的生动描写，因此可读性极强。

不过看得多了，也就不满意起来，也就心思多了起来。当初的“排印版”识别不免有误，有些人名有错，比如“孔庆玲”本是“孔庆钤”；“遂千”本是“遂五”，即张遂五。不一而足。此外就是注释数量偏少且不免有错，比如把简·奥斯汀的卒年错成1818年，把英国的马格斯书店（Maggs Bros.）错当成璧恒书店等，不一而足，影响当代人对该书内容的正确理解。

虽然囿于当时的主客观因素，这些错误在所难免，但是再次的识别和修订也就有了必要。2018年6月，笔者在国华羡林有限公司总经理、季羡林作品版权代理人王佩芬老师的支持下，在原“排印版”的基础上参照“影印版”重新识别，并加了大量的注解和必要的附件，形成了“全本校注版”，同年8月由东方出版中心出版。

而在此之前，笔者在充分研读《清华园日记》的基础上，已经发表了《青年季羡林清华购书记》（《现代出版》2015年第3期）、《季羡林大学时代的编译写作》（《现代阅读·教育与出版》2014年第8期）、《季羡林与荷尔德林的早期译介研究——兼对其本科毕业论文的考证》（《出版科学》2017年第2期）等。就在该“全本校注版”出版的同时，笔者此前申报的“季羡林《清华园日记》和20世纪30年代大学教育研究”（项目批准号：18YJA880111）也成功获批“2018年度教育部人文社会科学研究一般项目”。

本书即是这个项目的结题成果，从立项至今，已然过去了四年多的时间。其中甘苦，冷暖自知。从已有成果来看，本书涉及季羡林大学时代的方方面面，包括学业、编译和创作、师生和交友、校园生活、家庭关系等。但笔者要强调的是，对《清华园日记》的研究只是个开始，当初的有些设想还没有完全实现，即将开辟的研究领域还有不少。

笔者尤其要感谢的是王佩芬老师，我们一起为季羡林作品的推广、“季学”的发扬光大而努力，已经成功举办了两届“季羡林与东西方文化传播学术研讨会”，出版了“季羡林研究文献提要”等。

研究之初，季羡林先生的孙女季清女士对此十分支持，特为本书写序，必然为本书增色不少。感谢西苑出版社赵晖社长的大力支持和樊颖编辑的辛苦努力。

最后要说的是，本书是《清华园日记》研究的结题成果，感谢本研究团队成员的共同努力，希望能为“季学”研究大厦添砖加瓦，也希望通过本课题的研究能够管窥 20 世纪 30 年代大学教育“黄金时代”。

叶新

2022 年 4 月 23 日

于北京南城鸣秋轩

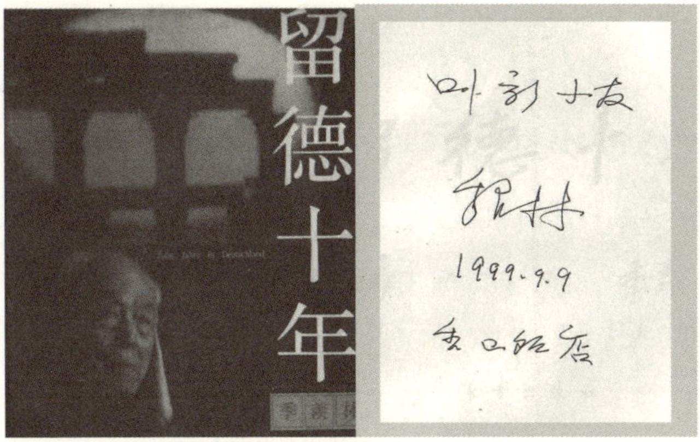

季羡林先生为“小友”叶新签名

季羡林先生与“小友”叶新（左）

（中国图书评论学会副会长 杨平／摄）

“季羡林《清华园日记》和20世纪30年代大学教育研究”项目组

项目负责人：

叶新（北京印刷学院新闻出版学院教授、学校欧美同学会会长）

成 员：

王京山（中国传媒大学传播研究院教授）

王佩芬（资深出版人，季羡林作品版权代理，季羡林读书会会长）

郭磊峰（资深出版人，季羡林读书会副秘书长）

后宗瑶（北京外国语大学国际新闻与传播学院2021级博士研究生）

刘李莉（北京印刷学院2017级出版专业硕士研究生）

毛银秀（北京印刷学院2015级新闻传播学专业硕士研究生）

任梦婕（北京印刷学院2016级新闻与传播专业硕士研究生）

王 琦（北京印刷学院2016级新闻与传播专业硕士研究生）

熊诗倩（北京印刷学院2018级新闻与传播专业硕士研究生）

翟 欢（北京印刷学院2019级新闻传播学专业硕士研究生）

图书在版编目（CIP）数据

解读《清华园日记》：季羡林日记与20世纪30年代

大学教育研究 / 叶新编著. -- 北京 : 西苑出版社,2022.5

ISBN 978-7-5151-0809-4

Ⅰ. ①解… Ⅱ. ①叶… Ⅲ. ①季羡林（1911-2009）—日记—研究 Ⅳ. ①K825.4

中国版本图书馆CIP数据核字(2022)第059500号

解读《清华园日记》：季羡林日记与 20 世纪 30 年代大学教育研究

JIEDU QINGHUA YUAN RIJI:JI XIANLIN RIJI YU 20 SHIJI 30 NIANDAI DAXUE JIAOYU YANJIU

策划编辑　赵　晖

责任编辑　樊　颖

装帧设计　蒙研祎

责任印制　陈爱华

出版发行　西苑出版社 XIYUAN PUBLISHING HOUSE

地　　址　北京市朝阳区和平街11区37号楼　邮政编码：100013

电　　话　010-88636419

印　　刷　北京盛通印刷股份有限公司

开　　本　710mm×1000mm 1/16

字　　数　160千字

印　　张　13

版　　次　2022年6月第1版

印　　次　2022年6月第1次印刷

书　　号　ISBN 978-7-5151-0809-4

定　　价　68.00元